你不得不知道的经典故事

谢宏模　章莉　黄爱华　李国豪·改写

南京大学出版社

图书在版编目(CIP)数据

山海经故事 / 谢宏模等改写. —南京:南京大学出版社,2009.7
(你不得不知道的经典故事)
ISBN 978-7-305-06262-9

Ⅰ. 山… Ⅱ. 谢… Ⅲ. 历史地理—中国—古代—少年读物 Ⅳ. K928.631-49

中国版本图书馆 CIP 数据核字(2009)第 109682 号

出 版 者	南京大学出版社
社 址	南京市汉口路 22 号 邮编 210093
网 址	http://www.NjupCo.com
出 版 人	左 健
丛 书 名	你不得不知道的经典故事
书 名	山海经故事
改 写	谢宏模 章 莉 黄爱华 李国豪
责任编辑	李 亭 编辑热线 025-83594071
照 排	南京玄武湖印刷照排中心
印 刷	南京溧水秦源印务有限公司
开 本	880×1230 1/32 印张 6.25 字数 130 千
版 次	2009 年 7 月第 1 版 2009 年 7 月第 1 次印刷
ISBN	978-7-305-06262-9
定 价	12.80 元

发行热线 025-83594756
电子邮箱 sales@NjupCo.com(销售部)
　　　　　press@NjupCo.com

* 版权所有,侵权必究
* 凡购买南大版图书,如有印装质量问题,请与所购图书销售部门联系调换

精卫填海

刑天

目 录

第一部分　序言 …………………………………………… 001
第二部分　山海经卷一　　南山经 ………………………… 003
第三部分　山海经卷二　　西山经 ………………………… 011
第四部分　山海经卷三　　北山经 ………………………… 028
第五部分　山海经卷四　　东山经 ………………………… 044
第六部分　山海经卷五　　中山经 ………………………… 053
第七部分　山海经卷六　　海外南经 ……………………… 087
第八部分　山海经卷七　　海外西经 ……………………… 090
第九部分　山海经卷八　　海外北经 ……………………… 094
第十部分　山海经卷九　　海外东经 ……………………… 098
第十一部分　山海经卷十　　海内南经 …………………… 101
第十二部分　山海经卷十一　　海内西经 ………………… 104
第十三部分　山海经卷十二　　海内北经 ………………… 107
第十四部分　山海经卷十三　　海内东经 ………………… 110
第十五部分　山海经卷十四　　大荒东经 ………………… 114
第十六部分　山海经卷十五　　大荒南经 ………………… 118
第十七部分　山海经卷十六　　大荒西经 ………………… 123
第十八部分　山海经卷十七　　大荒北经 ………………… 129
第十九部分　山海经卷十八　　海内经 …………………… 134
第二十部分　《山海经》的通俗故事 ……………………… 139

1. 盘古开天辟地 ………………………………… 139
2. 女娲造人 ……………………………………… 141
3. 女娲补天 ……………………………………… 144
4. 农神、药神、商神——炎帝 ………………… 145
5. 爱与美的天神——瑶姬 ……………………… 148
6. 精卫填海 ……………………………………… 150
7. 黄帝与炎帝之战 ……………………………… 152
8. 战神蚩尤 ……………………………………… 156
9. 双翼应龙与旱神魃 …………………………… 160
10. 黄帝大战蚩尤 ………………………………… 161
11. 无头巨人刑天 ………………………………… 166
12. 黄帝主宰宇宙 ………………………………… 168
13. 智多星与糊涂神 ……………………………… 169
14. 百鸟之王少皞 ………………………………… 172
15. 继位的帝颛顼及其鬼儿子、兽儿子 ………… 173
16. 共工撞断天柱 ………………………………… 177
17. 新任主宰神——帝喾 ………………………… 178
18. 夸父追日 ……………………………………… 180
19. 射落九太阳——神射手羿 …………………… 182
20. 羿杀六怪兽 …………………………………… 186
21. 嫦娥奔月 ……………………………………… 188
22. 洛水女神——宓妃 …………………………… 190
23. 尧禅位于舜 …………………………………… 191
24. 为民舍命的鲧 ………………………………… 193
25. 大禹治水 ……………………………………… 195

第一部分 序言

　　《山海经》是中国先秦时代的古典书籍。一般认为主要记述的是古代神话传说，包括地理、物产、巫术、宗教、古史、医药、民俗、民族等方面的内容。

　　《山海经》全书共十八卷，其中《山经》五卷，《海经》八卷，《大荒经》四卷，《海内经》一卷，共约三万一千字。它记载了一百多个国家和地区，五百五十座山，三百多条水道以及各地区山的水地理、风土物产等信息。其中《山经》所记载的大部分是历代巫师、方士和祠官的踏勘记录，经长期传写编纂，多少会有所夸饰，但仍具有较高的参考价值。

　　《山海经》从东、南、西、北四个方面介绍了中华腹地的山川宝藏，特别是一些异鸟怪兽、奇花异石，见所未见，闻所未闻。其中《海外经》介绍了传说中的海外异国，如双头国、三首国、女子国、丈夫国、大人国、小人国等国的风俗习惯，更是奇中有奇，能使人增长很多知识。

　　西汉武帝的时候，有人给皇帝贡献了一只奇异的鸟，用各种食物喂它，它都不肯吃。著名文人东方朔看见这只鸟，就说出了它的名字，又说它应当吃什么。一试验，果然就如东方朔所说的。皇帝问东方朔怎么知道的，他说《山海经》中有记载，看了自会知道。到了汉宣帝时，上郡某地的一个石室塌陷，有人发现里面的石壁上刻画着"反缚盗械人"的图像。此事传说开来，但无人知晓此图为何意。大学者刘向却指出这是"贰负之臣"。皇帝问他怎么知道的，刘向也回答是从《山海经》上看到的。皇帝大惊，朝臣轰动，于是出现了一股阅读《山海经》的小热潮。

到了东汉明帝时，有一位水土工程专家叫王景，因治理河渠有功绩，得到皇帝的赏赐，礼物中竟然有一部《山海经》。而东晋大诗人陶渊明一生不为五斗米折腰，却折服于《山海经》，曾一口气写下《读〈山海经〉十三首》，流传至今。其中的第一首诗就表达出他读《山海经》后快乐兴奋的心情和通晓天下的效果："俯仰终宇宙，不乐复何如。"

产生于明代的章回体小说《封神演义》和清代的长篇小说《镜花缘》，构思新颖，想象丰富。读者往往被其中的神奇故事所吸引，从而对作者的丰富想象力佩服不已。但你可知道，书中的故事素材和艺术构思，不少是取自《山海经》的，而作者的想象力也多受《山海经》的启发。如此等等，《山海经》的魅力自然不言而喻。

那么，《山海经》具体的魅力何在呢？在于其丰富而神奇的内容。举凡当时人所能听到的、所能见到的、所能认识到的、所能想象到的一切事物，无不记载。如大大小小的山丘河流，形形色色的花草树木，神通广大的半人半神，怪里怪气的半人半兽，瑰丽多彩的金石矿物，奇形怪状的禽鸟野兽，变化莫测的神话传说，各种各样的国家人民，神秘的祭祀，古怪的装束，奇异的病症，灵验的药物，味美的食物，毒人的野味，超乎常理的日月，高出常情的工艺，上古帝王的世系，传闻不一的古史……《山海经》简直就是古代的百科全书。

第二部分 山海经卷一 南山经

南山经 1

　　南方第一列山系叫做鹊山山系。鹊山山系的头一座山是招摇山，屹立在西海岸边，生长着许多桂树，又蕴藏着丰富的金属矿物和玉石。山中有一种草，长得像韭菜却开着青色的花朵，名叫祝余，人吃了它就不会感到饥饿。山中又有一种树木，长得像构树却呈现黑色的纹理，并且光华照耀四方，名叫迷谷，人佩带它在身上就不会迷失方向。山中还有一种野兽，外形像猿猴但长着一双白色的耳朵，既能匍匐爬行，又能像人一样直立行走，名叫狌狌，吃了它的肉可以使人走得飞快。丽水从这座山发源，然后往西流入大海。水中有许多叫做育沛的东西，人佩带它在身上就不会生蛊胀病。

　　再往东三百里，是堂庭山。山上生长着茂密的棪木，又有许多白色猿猴，还盛产水晶石，并蕴藏着丰富的黄金。

　　再往东三百八十里，是即翼山。山上生长着许多怪异的野兽，水中生长着许多怪异的鱼。这里还盛产白玉，有很多蝮虫，很多奇怪的蛇，很多奇怪的树木，人是无法攀登上去的。

　　再往东三百七十里，是杻阳山。山南面盛产黄金，山北面盛产白银。山中有一种野兽，外形像马却长着白色的头，身上的斑纹像老虎而尾巴是红色的，吼叫的声音像人唱歌，名叫鹿蜀，人穿戴上它的毛皮就可以多子多孙。怪水从这座山发源，然后向东流入宪翼水。水中有众多暗红色的龟，外形像普通乌龟，却长着鸟一样的头和蛇一样的尾巴，名叫旋龟，叫声像劈开木头时发出的响声，佩带上它就能使人的耳朵不聋，还可以治愈脚底老茧。

再往东三百里，是柢山。山间多水流，没有花草树木。有一种鱼，外形像牛，栖息在山坡上，长着蛇一样的尾巴，胁骨上有一对翅膀，鸣叫的声音像犁牛，名叫鯥，冬天蛰伏而夏天复苏，吃了它的肉就能使人不患痈肿病。

再往东四百里，是亶爰山。山间多水流，没有花草树木，不能攀登上去。山中有一种野兽，外形像野猫却长着人一样的长头发，名叫类，一身兼有雄雌两种性器官，吃了它的肉就会使人不产生妒忌心。

再往东三百里，是基山。山南阳面盛产玉石，山北阴面有很多奇怪的树木。山中有一种野兽，外形像羊，却长着九条尾巴和四只耳

朵，眼睛也长在背上，人穿戴上它的毛皮就不会产生恐惧心。山中还有一种禽鸟，外形像鸡，却长着三个脑袋、六只眼睛、六只脚和三只翅膀，吃了它的肉就会使人不打盹。

再往东三百里，是青丘山。山南面盛产玉石，山北面多出产青䨼。山中有一种野兽，外形像狐狸却长着九条尾巴，发出的声音与婴儿啼哭相似，能吃人，吃了它的肉就能使人不中妖邪毒气。山中还有一种禽鸟，外形像斑鸠，鸣叫的声

音如同人在互相斥骂,名叫灌灌,把它的羽毛插在身上能使人不迷惑。英水从这座山发源,然后向南流入即翼泽。泽中有很多赤鱬,外形像普通的鱼却有一副人的面孔,发出的声音如同鸳鸯鸟在叫,吃了它的肉就能使人不生疥疮。

再往东三百五十里,是箕尾山。山的尾端坐落于东海岸边,沙石很多。汸水从这座山发源,然后向南流入淯水,水中多产白色玉石。

总计鹊山山系的首尾,从招摇山起,直到箕尾山止,一共是十座山,绵延二千九百五十里。诸山山神都长着鸟的身子和龙的头。祭祀山神时,需把禽畜和璋一起埋入地下,祀神的米用稻米,用白茅草来做神的坐席。

南山经 2

南方第二列山系的首座山是柜山。西边临近流黄酆氏国和流黄辛氏国,在山上向北可以望见诸毗山,向东可以望见长右山。英水从这座山发源,向西南流入赤水。水中有很多白色玉石,还有很多米粒般大小的丹砂。山中有一种野兽,外形像普通的小猪,却长着一双鸡爪,叫的声音如同狗叫,名叫狸力。哪里出现狸力,哪里就一定会有繁多的水土工程。山中还有一种鸟,外形像鹞鹰却长着人手一样的爪子,啼叫的声音如同痹鸣,名叫鴸,它的鸣叫声就是自身名称的读音。哪里出现它,哪里就一定会有众多的文士被流放。

从柜山往东南四百五十里,是长右山。这里没有花草树木,但有很多水。山中有一种野兽,外形像猿猴却长着四只耳朵,名叫长右,叫的声音如同人在呻吟,任何郡县一出现长右，就会发生大水灾。

再往东三百四十里，是尧光山。山南阳面多产玉石，山北阴面多产金。山中有一种野兽，外形像人却长有猪那样的鬣毛，冬季蛰伏在洞穴中，名叫猾褢，叫声如同砍木头时发出的响声。哪里出现猾褢，哪里就会有繁重的徭役。

再往东三百五十里，是羽山。山下到处是流水，山上经常下雨，没有花草树木，蝮虫很多。

再往东四百里，是句余山。山上没有花草树木，但有丰富的金属矿物和玉石。

再往东五百里，是浮玉山。在山上向北可以望见具区泽，向东可以望见诸毗水。山中有一种野兽，外形像老虎却长着牛的尾巴，发出的叫声如同狗叫，名叫彘，能吃人。苕水从这座山的北麓发源，向北流入具区泽，水中生长着很多鮆鱼。

再往东五百里，是成山。这座山的形状像三层四方形的土坛叠在一起。山上盛产金属矿物和玉石，山下多产青雘。从这座山发源的小溪，向南流入虖勺水，水中有丰富的黄金。

再往东五百里，是会稽山，呈四方形。山上有丰富的金属矿物和玉石，山下盛产晶莹透亮的砆石。勺水从这座山发源，然后向南流入湨水。

再往东五百里，是夷山。山上没有花草树木，到处是细沙和石子。湨水从这座山发源，然后向南流入列涂水。

再往东五百里，是仆勾山。山上有丰富的金属矿物和玉石，山下有茂密的花草树木，但没有禽鸟野兽，也没有水。

再往东五百里,是咸阴山。这里没有花草树木,也没有水。

再往东四百里,是洵山。山南阳面盛产金属矿物,山北阴面多出产玉石。山中有一种野兽,外形像普通的羊却没有嘴巴,不吃东西也能活着不死。洵水从这座山发源,然后向南流入阏泽,水中有很多紫色的螺。

再往东四百里,是虖勺山。山上到处是梓树和楠树,山下生长着许多牡荆树和枸杞树。滂水从这座山发源,然后向东流入大海。

再往东五百里,是区吴山。山上没有花草树木,到处是沙子和石头。鹿水从这座山发源,然后向南流入滂水。

再往东五百里,是鹿吴山。山上没有花草树木,但有丰富的金属矿物和玉石。泽更水从这座山发源,然后向南流入滂水。水中有一种野兽,名叫蛊雕,外形像普通的雕鹰却头上长角,发出的声音如同婴儿啼哭,能吃人。

再往东五百里,是漆吴山。山中没有花草树木,多出产可以用作棋子的博石,不产玉石。这座山位于东海之滨,从山上远望能看到一片丘陵,有光影忽明忽暗,那是太阳停歇之处。

总计南方第二列山系的首尾,从柜山起到漆吴山止,一共十七座山,绵延七千二百里。诸山山神都长着龙的身子和鸟的头。祭祀山神时,需把禽畜和玉璧一起埋入地下,祀神的米用稻米。

南山经 3

南方第三列山系的头一座山,是天虞山。山下到处是水,人不能上去。

从天虞山往东五百里,是祷过山。山上盛产金属矿物和玉石,山下到处是犀牛和兕,还有很多大象。山中有一种禽鸟,外形像鸡,却长着白色的脑袋、三只脚和人一样的脸,名叫瞿如,它的鸣叫声就是自身名称的读音。浪水从这座山发源,然后向南流入大海。水中有一种虎蛟,长着普通鱼的身子,却拖着一条蛇的尾巴,脑袋如同鸳鸯鸟的头,吃了它的肉就能使人不生痈肿病,还可以治愈痔疮。

再往东五百里,是丹穴山。山上盛产金属矿物和玉石。丹水从这座山发源,然后向南流入渤海。山中有一种鸟,外形像普通的鸡,但全身上下长满五彩羽毛,名叫凤凰,头上的花纹是"德"字的形状,翅膀上的花纹是"义"字的形状,背部的花纹是"礼"字的形状,胸部的花纹是"仁"字的形状,腹部的花纹是"信"字的形状。这种叫做凤凰的鸟,吃喝很自然从容,常常是自个儿边唱边舞,一出现天下就会太平。

再往东五百里,是发爽山。这里没有花草树木,到处流水,有很多白色的猿猴。泛水从这座山发源,然后向南流入渤海。

再往东四百里,便到了旄山的尾端。此处南面有一峡谷,叫做育遗,生长着许多奇怪的鸟,南风就是从谷里吹出来的。

再往东四百里,便到了非山的顶部。山上盛产金属矿物和玉石,没有水,山下到处是蝮虫。

再往东五百里,是阳夹山。这里没有花草树木,到处是流水。

再往东五百里,是灌湘山。山上到处是树木,但没有花草。山中有许多奇怪的禽鸟,却没有野兽。

再往东五百里,是鸡山。山上有丰富的金属矿物,山下盛产丹腹。黑水从这座山发源,然后向南流入大海。水中有一种怪鱼,外形像鲫鱼却长着猪毛,发出的声音如同小猪叫,它一出现就会天下大旱。

再往东四百里,是令丘山。这里没有花草树木,到处是野火。山的南边有一峡谷,叫做中谷,东北风就是从这里吹出来的。山中有一种禽鸟,外形像猫头鹰,却长着一副人脸和四只眼睛,而且有耳朵,名叫颙,它发出的叫声就是自身名称的读音,一出现天下就会大旱。

再往东三百七十里,是仑者山。山上有丰富的金属矿物和玉石,山下盛产青雘。山中有一种树木,长得像一般的构树却有着红色的纹理,枝干流出的汁液似漆,味道是甜的,人吃了它就不会感到饥饿,还可以解除忧愁,且能把玉石染得鲜红。

再往东五百八十里,是禺稿山。山中有很多奇怪的野兽,还有很多大蛇。

再往东五百八十里,是南禺山。山上盛产金属矿物和玉石,山下到处是流水。山中有一个洞穴,水在春天流入洞穴,在夏天流出,这个洞穴在冬天则闭塞不通。佐水从这座山发源,然后向东南流入大海。佐水流经的地方有凤凰和鹓雏栖息。

总计南方第三列山系的首尾,从天虞山起到南禺山止,一共十四座山，绵延六千五百三十里。诸山山神都长着龙的身子和人的脸面。祭祀山神时，全部是用一条白色的狗作供品祈祷，祀神的米用稻米。

以上是南方经历之山的记录，大大小小总共四十座，绵延一万六千三百八十里。

第三部分　山海经卷二　西山经

西山经 1

西方第一列山系华山山系的首座山，叫做钱来山。山上有许多松树，山下有很多洗石。山中有一种野兽，外形像普通的羊却长着马的尾巴，名叫羬羊，羬羊的油脂可以护理治疗干裂的皮肤。

从钱来山往西四十五里，是松果山。濩水从这座山发源，向北流入渭水，其中多产铜。山中有一种禽鸟，外形像一般的野鸡，长着黑色的身子和红色的爪子，可以用来治疗皮肤干皱。

再往西六十里，是太华山。山崖陡峭像刀削而呈现四方形，高五千仞，宽十里，禽鸟野兽无法栖身。山中有一种蛇，名叫肥遗，长着六只脚和四只翅膀，一出现就会天下大旱。

再往西八十里，是小华山。山上的树木大多是牡荆树和枸杞树，山中的野兽大多是柞牛。山北阴面盛产磬石，山南面盛产琈玉。山中有许多赤鷩鸟，饲养它就可以避火。山中还有一种叫做萆荔的草，长得像乌韭，但生长在石头上面，也攀缘树木而生长，人吃了它就能治愈心痛病。

再往西八十里，是符禺山。山南面盛产铜，山北面盛产铁。山上有一种树木，名叫文茎，结的果实像枣子，可以用来治疗耳聋。山中生长的草大多是条草，长得与葵菜相似，开红色花朵，结黄色果实，果实的样子像婴儿的舌头，吃了它就可使人不迷惑。符禺水从这座山发源，然后向北流入渭水。山中的野兽大多是葱聋，外形像普通的羊却长有红色的鬣毛。山中的禽鸟大多是鴖鸟，外形像一般的翠鸟却长着红色的嘴巴，饲养它可以避火。

再往西六十里，是石脆山。山上的树大多是棕树和楠树，而草大多是条草，与韭菜相似，开白色花朵，结黑色果实，人吃了这种果实就可以治愈疥疮。山南面盛产㻬琈玉，而山北面盛产铜。灌水从这座山发源，然后向北流入禺水。灌水里有硫磺和赭土，将这种水涂洒在牛马的身上，就能使牛马健壮。

再往西七十里，是英山。山上到处是杻树和橿树，山北阴面盛产铁，而山南阳面盛产赤金。禺水从这座山发源，向北流入招水。水中有很多怪鱼，外形像一般的鳖，发出的声音如同羊叫。山南面还生长着很多箭竹，野兽大多是㸲牛和𪊽羊。山中有一种禽鸟，外形像一般的鹌鹑鸟，却长着黄身子和红嘴巴，名叫肥遗，人吃了它的肉就能治愈麻风病，还能杀死体内寄生虫。

再往西五十二里，是竹山。山上到处是高大的树木，山北面盛产铁。山中有一种草，名叫黄雚，长得像樗树，但叶子像麻叶，开白色的花朵，结红色的果实，果实外表的颜色像赭色，用它洗浴就可治愈疥疮，还可以治疗浮肿。竹水从这座山发源，向北流入渭水。竹水的北岸有很多的小竹丛，还有许多青色的玉石。丹水也发源于这座山，向东南流入洛水。水中多出产水晶石，又有很多人鱼。山中有一种野兽，外形像小猪却长着白色的毛，毛如簪子粗细而尖端呈黑色，名叫豪彘。

再往西一百二十里，是浮山。山上到处是盼木，长着枳树一样的叶子却没有刺，虫子寄生于此。山中有一种草，名叫薰草，叶子像麻叶却长着方方的茎干，开红色的花朵，结黑色的果实，气味像蘼芜，把它插在身上就可以治疗麻风病。

再往西七十里，是羭次山。漆水发源于此，向北流入渭水。山上有茂密的棫树和橿树，山下有茂密的小竹丛。山北面有丰富的赤铜，山南面有丰富的婴垣玉。山中有一种野兽，外形像猿猴而双臂很长，擅长投掷，名叫嚣。山中还有一种禽鸟，外形像一般的猫头鹰，长着人一样的面孔而只有一只脚，常常是冬天出现而夏天蛰伏，把它的羽毛插在身上就能使人不怕打雷。

再往西一百五十里，是时山。山上没有花草树木。逐水从这座山发源，向北流入渭水。水中有很多水晶石。

再往西一百七十里，是南山。山上到处是米粒大小的丹砂。丹水从这座山发源，向北流入渭水。山中的野兽大多是猛豹，而禽鸟大多是布谷鸟。

再往西一百八十里，是大时山。山上有很多构树和栎树，山下有很多枥树和橿树。山北面多出产银，而山南面有丰富的白色玉石。涔水从这座山发源，向北流入渭水；清水也从这座山发源，向南流入汉水。

再往西三百二十里，是冢遂山。汉水发源于此，然后向东南流入沔水；嚣水也发源于此，向北流入汤水。山上到处是葱茏的桃枝竹和钩端竹，野兽以犀牛、兕、熊、罴居多，禽鸟以白翰和赤鷩居多。山中有一种草，叶子长得像蕙草叶，茎干却像桔梗，开黑色花朵但不结果实，名叫菁蓉，吃了它就会使人不能生育孩子。

再往西三百五十里，是天帝山。山上是茂密的棕树和楠树，山下主要生长茅草和蕙草。山中有一种野兽，长得像普通的狗，名叫溪边。人坐卧时，铺垫上溪边兽的皮就不会中妖邪毒气。山中又有一种禽鸟，外形像一般的鹌鹑鸟，但长着黑色的花纹和红色的颈毛，名叫栎，人吃了它的肉可以治愈痔疮。山中还有一种草，长得像葵菜，散发出和蘪芜一样的气味，名叫杜衡，给马插戴上它就可以使马跑得很快，而人吃了它就可以治愈脖子上的赘瘤。

往西南三百八十里，是皋涂山。蔷水发源于此，向西流入诸资水；涂水也发源于此，向南流入集获水。山南面到处是米粒大小的丹砂，山北面盛产银和黄金，山上到处是桂树。山中有一种白色的石头，名叫礜，可以用来毒死老鼠。山中又有一种草，叶子像葵菜的叶子而背面是红色的，名叫无条，可以用来毒死老鼠。山中还有一种野兽，外形像普通的鹿，却长着白色的尾巴、马一样的脚蹄、人一样的手和四只角，名叫玃如。山中还有一种禽鸟，外形像鹞鹰却长着人一样的脚，名叫数斯，吃了它的肉就能治愈人脖子上的赘瘤。

再往西一百八十里，是黄山。这里没有花草树木，到处是郁郁葱葱的竹丛。盼水从这座山发源，向西流入赤水。水中有很多玉石。山中有一种野兽，外形像普通的牛，却长着苍黑色的皮毛和大大的眼睛。山中又有一种禽鸟，外形像一般的猫头鹰，却长着青色的羽毛和红色的嘴，像人一样的舌头能学人说话，名叫鹦鹉。

再往西二百里，是翠山。山上是茂密的棕树和楠树，山下到处是竹丛，山南面盛产黄金和玉，山北面有很多牦牛、羚羊和麝。山中的禽鸟大多是鸓鸟，外形像一般的喜鹊，却长着两个脑袋、四只脚和红黑色的羽毛，人养着它可以避火。

再往西二百五十里，是騩山。它坐落在西海边上。这里没有花草树木，却有很多玉石。凄水从这座山发源，向西流入大海。水中有许多彩石、黄金，还有很多米粒大小的丹砂。

总计西方第一列山系的首尾，自钱来山起到騩山止，一共十九座山，绵延二千九百五十七里。华山是诸山的宗主。祭祀华山山神时，需用猪、牛、羊齐全的三牲作祭品。羭山山神是神奇威严的。祭祀羭山山神需用烛火，斋戒一百天后用一百只毛色纯正的牲畜，随一百块瑜埋入地下，再烫上一百樽美酒，祀神的玉器是一百块玉珪和一百块玉璧。祭祀其余十七位山神的典礼相同，都是用一只完整的羊作祭品。所谓的烛，就是用百草制作的尚未烧成灰的火把。而祀神的席是用各种颜色等差有序地将边缘装饰起来的白茅草席。

西山经 2

西方第二列山系的首座山，叫做钤山。山上盛产铜，山下盛产玉，山中的树大多是杻树和檀树。

向西二百里，是泰冒山。山南面多出产金，山北面多出产铁。洛水从这座山发源，向东流入黄河。水中有很多藻玉，还有很多白色的水蛇。

再往西一百七十里，是数历山。山上盛产黄金，山下盛产银。山中的树木大多是杻树和橿树，而禽鸟大多是鹦鹉。楚水从这座山发源，然后向南流入渭水。水中有很多白色的珍珠。

再往西一百五十里，是高山。山上有丰富的白银，山下到处是青碧和雄黄。山中的树木大多是棕树，而草大多是小竹丛。泾水从这座山发源，然后向东流入渭水。水中有很多磬石和青碧。

往西南三百里，是女床山。山南面多出产赤铜，山北面多出产石涅。山中的野兽以老虎、豹子、犀牛和兕居多。山里还有一种禽鸟，外形像野鸡却长着色彩斑斓的羽毛，名叫鸾鸟，一出现天下就会安宁。

再往西二百里，是龙首山。山南面盛产黄金，山北面盛产铁。苕水从这座山发源，向东南流入泾水。水中有很多美玉。

再往西二百里，是鹿台山。山上多出产白玉，山下多出产银，山中的野兽以𰻝牛、𰻝羊、白豪居多。山中有一种禽鸟，外形像普通的雄鸡却长着人一样的脸面，名叫凫徯，它的叫声就是自身名称的读音，一出现天下就会有战争。

往西南二百里，是鸟危山。山南面多出产磬石，山北面到处是檀树和构树，山中生长着很多女肠草。鸟危水从这座山发源，向西流入赤水。水中有许多米粒大小的丹砂。

再往西四百里，是小次山。山上盛产白玉，山下盛产赤铜。山中有一种野兽，外形像普通的猿猴，但头是白色的，脚是红色的，名叫朱厌，一出现就会大起战事。

再往西三百里，是大次山。山南面多出产垩土，山北面多出产碧玉。山中的野兽以㸲牛和羚羊居多。

再往西四百里，是薰吴山。山上没有花草树木，而有丰富的金属矿物和玉石。

再往西四百里，是厎阳山。山中的树木大多是水松树、楠树和樟树，而野兽大多是犀牛、兕、老虎、豹和㸲牛。

再往西二百五十里，是众兽山。山上遍布㻬琈玉，山下到处是檀树和构树，还有丰富的黄金。山中的野兽以犀牛和兕居多。

再往西五百里，是皇人山。山上有丰富的金属矿物和玉石，山下有丰富的石青和雄黄。皇水从这座山发源，向西流入赤水。水中有很多米粒大小的丹砂。

再往西三百里，是中皇山。山上多出产黄金，山下长满了蕙草、棠梨树。

再往西三百五十里，是西皇山。山南面多出产金，山北面多出产铁，山中的野兽以麋、鹿、㸲牛居多。

再往西三百五十里，是莱山。山中的树木大多是檀树和构树，而禽鸟大多是罗罗鸟，能吃人。

总计西方第二列山系的首尾，自钤山起到莱山止，一共十七座山，绵延四千一百四十里。其中十座山的山神都长着人的面孔和马的身子。还有七座山的山神都长着人的面孔、牛的身子、四只脚和一条臂，扶着拐杖行走，这就是所谓的飞兽之神。祭祀这七位山神时，在毛物中用猪、羊作祭品，将其放在白茅草席上。祭祀另外十位山神时，用一只公鸡，毛色要杂而不必纯一，不用米作祭品。

西山经 3

西方第三列山系的首座山，叫做崇吾山。它雄踞于黄河的南岸，在山上向北可以望见冢遂山，向南可以望见大泽，向西可以望见天帝的搏兽山，向东可以望见深渊。山中有一种树木，圆圆的叶子，白色的花萼，红色的花朵上有黑色的纹理，结的果实与枳实相似，吃了它就能使人多子多孙。山中又有一种野兽，外形像猿猴而臂上有斑纹，有豹子一样的尾巴且擅长投掷，名叫举父。山中还有一种禽鸟，外形像一般的野鸭子，却只长了一只翅膀和一只眼睛，要两只鸟合起来才能飞翔，名叫蛮蛮，一出现天下就会发生水灾。

往西北三百里，是长沙山。泚水从这里发源，向北流入泑水。山上没有花草树木，多的是石青和雄黄。

再往西北三百七十里，是不周山。在山上向北可以望见诸毗山，高高地居于岳崇山之上；向东可以望见泑泽，是黄河源头潜在的地方。那源头之水喷涌而出，并发出浑浑泡泡的响声。这里有一种特别珍贵的果树，结出的果实与桃子很相似，叶子却像枣树叶，开黄色的花朵而花萼是红色的，吃了它就能使人解除烦恼忧愁。

再往西北四百二十里，是峚山。山上到处是丹木，红红的茎干上长着圆圆的叶子，开黄色的花朵，结红色的果实，味道是甜的，人吃了它就不会感觉饥饿。丹水从这座山发源,向西流入稷泽,水中有很多白色玉石。这里还有玉膏,玉膏涌出时是一片沸沸腾腾的景象,黄帝常常服用这种玉膏。这里还出产一种黑色玉石。用这里涌出的玉膏,去浇灌丹木,丹木再经过五年的生长,便会开出光艳美丽的五色花朵,结出味道香甜的五色果实。黄帝曾采撷峚山中玉石的精华,投种在钟山向阳的南面,后来便生出瑾和瑜这类美玉,坚硬而精密,温润而有光泽,五种颜色的符彩一同散发出来相互辉映,有刚有柔,非常和美。无论是天神还是地鬼,都来享用。君子佩带它,能抵御妖邪不祥之气的侵袭。从峚山到钟山,绵延四百六十里,其间全部是水泽。这里生长着许许多多奇怪的禽鸟、怪异的野兽和神奇的鱼类。

再往西北四百二十里,是钟山。钟山山神的儿子叫做鼓,长着人的脸面和龙的身子。他曾和钦䲹联手在昆仑山南面杀死天神葆江,天帝因此将鼓与钦䲹诛杀在钟山东面一个叫瑶崖的地方。钦䲹化为一只大鹗,外形像普通的雕鹰,却长有黑色的斑纹、白色的脑袋、红色的嘴巴和老虎一样的爪子,发出的声音如同晨鹄鸣叫,一出现就会有大的战争。鼓也化为鵕鸟,外形像一般的鹞鹰,长着红色的脚和直直的嘴,身上是黄色的斑纹而头是白色的,发出的声音与鸿鹄的鸣叫很相似,在哪里出现,哪里就会有旱灾。

再往西一百八十里,是泰器山。观水从这里发源,向西流入流沙。观水中有很多文鳐鱼,外形像普通的鲤鱼,有着鱼一样的身子和鸟一样的翅膀,浑身是苍色的斑纹却长着白脑袋和红嘴巴,常常在西海行走,在东海畅游,在夜间飞行。它发出的声音如同鸾鸟啼叫,而肉味是酸中带甜,人吃了它的肉就可治好癫狂症，一出现天下就会五谷丰登。

再往西三百二十里，是槐江山。丘时水从这座山发源，然后向北流入泑水，水中有很多螺。山上蕴藏着丰富的石青、雄黄，还有很多的琅玕、黄金和玉石。山南面到处是粟粒大小的丹砂，而山北面多产带符彩的黄金和白银。这槐江山可以说是天帝悬在半空的园圃，由天神英招主管着。天神英招长着马的身子和人的面孔，身上长有老虎的斑纹和禽鸟的翅膀，巡行四海传布天帝的旨命，发出的声音如同用辘轳抽水。在山上向南可以望见昆仑山，那里火光熊熊，气势恢弘；向西可以望见大泽，那里是后稷死后埋葬之地，大泽中有很多玉石，大泽的南面有许多榣木和若木；向北可以望见诸毗山，是叫做槐鬼离仑的神仙居住的地方，也是鹰鹯等飞禽的栖息地；向东可以望见那四重的桓山，有穷鬼居住在那里，这些有穷鬼各自分类，聚居生活。这里有大水清清泠泠，汩汩流淌。有个天神住在山中，他长得像普通的牛，却有八只脚、两个脑袋，还拖着一条马的尾巴，啼叫声如同人在吹奏乐器时薄膜发出的声音，在哪里出现，哪里就有战争。

往西南四百里，是昆仑山。这里是天帝在下界的都城，天神陆吾主管它。这位天神长着老虎的身子却有九条尾巴，一副人的面孔可长着老虎的爪子。他主管天上的九部和天帝苑囿的时节。山中有一种野兽，外形像普通的羊却长着四只角，名叫土蝼，能吃人。山中有一种禽鸟，外形像一般的蜜蜂，大小与鸳鸯差不多，名叫钦原。这种钦原鸟刺蜇其他鸟兽就会使它们死去，刺蜇树木就会使树木枯死。山中还有另一种禽鸟，名叫鹑鸟。它主管天帝日常生活中需要的各种器用服饰。山中又有一种树木，长得像普通的棠梨树，却开黄色的花朵，结红色的果实，味道像李子却没有核，名叫沙棠，可以用来避水，人吃了它就能漂浮不沉。山中还有一种草，长得很像葵菜，但味道与葱相似，吃了它就能使人解除烦恼忧愁。黄河水从这座山发源，然后向南流而东转至无达山；赤水也发源于这座山，然后向东南流入汜天水；洋水也发源于这座山，然后向西南流入丑涂水；黑水也发源于这座山，然后向西流到大杅山。这座山中有许多奇怪的鸟兽。

再往西三百七十里，是乐游山。桃水从这座山发源，向西流入稷泽。这里到处有白色玉石。水中还有很多鳋鱼，外形像普通的蛇却长着四只脚，是吃鱼类的。

往西行四百里水路，就是流沙，再行二百里便到嬴母山。天神长乘主管这里，他是天的九德之气所生。这个天神的形貌像人却长着豹的尾巴。山上到处是玉石，山下到处是青石而没有水。

再往西三百五十里，是玉山，这是西王母居住的地方。西王母的形貌与人一样，却长着豹子一样的尾巴和老虎一样的牙齿，而且喜好啸叫，蓬松的头发上戴着玉胜，是主管上天灾疠和五刑残杀之气的。山中有一种野兽，外形像普通的狗却长着豹子的斑纹，头上的角与牛角相似，名叫狡，发出的声音如同狗叫，在哪个国家出现，就会使哪个国家五谷丰登。山中还有一种禽鸟，外形像野鸡却通身是红色，名叫胜遇，能吃鱼类，发出的声音如同鹿在鸣叫，在哪个国家出现，哪个国家就会发生水灾。

再往西四百八十里,是轩辕丘(传说上古帝王黄帝居住在这里,娶西陵氏女为妻,因此也号称轩辕氏)。这里没有花草树木。洵水从轩辕丘发源,向南流入黑水,水中有很多米粒大小的丹砂,还有很多石青和雄黄。

再往西三百里,是积石山。山下有一个石门,黄河水漫过石门向西南流去。这座积石山,是万物俱全的。

再往西二百里,是长留山,天神白帝少皞居住在这里。山中的野兽都长着花尾巴,而禽鸟都长着花脑袋。山上盛产彩色花纹的玉石。长留山是员神魄氏的宫殿。这个神主要掌管太阳落下西山时光线射向东方的反影。

再往西二百八十里,是章莪山。山上没有花草树木,到处是瑶、碧一类的美玉。山里常常出现十分怪异的物象。山中有一种野兽,外形像赤豹,长着五条尾巴和一只角,发出的声音如同敲击石头的响声,名叫狰。山中还有一种禽鸟,外形像一般的鹤,但只有一只脚,长着红色的斑纹和青色的身子,还有一张白嘴巴,名叫毕方,它鸣叫的声音就是自身名称的读音,在哪里出现,哪里就会发生怪火。

再往西三百里,是阴山。浊浴水从这座山发源,然后向南流入蕃泽,水中有很多五彩斑斓的贝壳。山中有一种野兽,外形像野猫却长着白脑袋,名叫天狗,它发出的叫声与"猫猫"的读音相似,人饲养它可以避凶邪之气。

再往西二百里,是符惕山。山上到处是棕树和楠树,山下有丰富的金属矿物和玉石。一个叫江疑的神居住于此。这座符惕山,常常会下怪异之雨,风和云也从这里兴起。

再往西二百二十里,是三危山,三青鸟栖息在这里。这座三危山，方圆百里。山上有一种野兽，外形像普通的牛，却长着白色的身子和四只角，身上的硬毛又长又密，好像披着蓑衣，能吃人。山中还有一种禽鸟，长着一个脑袋却有三个身子，外形与普通鸟很相似，名叫鸱。

再往西一百九十里，是騩山。山上遍布美玉而没有石头。天神耆童居住在这里，他发出的声音常常像是敲钟击磬的响声。山下到处是一堆一堆的蛇。

再往西三百五十里，是天山。山上有丰富的金属矿物和玉石，也出产石青和雄黄。英水从这座山发源，然后向西南流入汤谷。山里住着一个神，外形像一只黄色口袋，发出的精光红如火，长着六只脚和四只翅膀，混混沌沌没有面目，却善于唱歌跳舞，他原本是帝江。

再往西二百九十里，是泑山，天神蓐收居住在这里。山上盛产一种可用作颈饰的玉石，山南面到处是瑾、瑜一类美玉，而山北面到处是石青、雄黄。站在这座山上，向西可以望见太阳落山的情景，那种壮阔的气象，由天神红光所主管。

往西行一百里水路，便到了翼望山。山上没有花草树木，到处是金属矿物和玉石。山中有一种野兽，外形像一般的野猫，只长着一只眼睛却有三条尾巴，名叫讙，发出的声音能赛过一百种动物的鸣叫，饲养它可以避凶邪之气，人吃了它的肉就能治好黄疸病。山中还有一种禽鸟，外形像普通的乌鸦，却长着三个脑袋和六条尾巴，而且喜欢嬉笑，名叫鹤鸰，吃了它的肉就能使人不做噩梦，还可以避凶邪之气。

总计西方第三列山系的首尾，从崇吾山起到翼望山止，一共二十三座山，绵延六千七百四十四里。诸山山神都长着羊的身子和人的面孔。祭祀山神的典礼，是把一块吉玉埋入地下，祀神的米用稷米。

西山经 4

西方第四列山系的首座山，叫做阴山。山上生长着茂密的构树，但没有石头。这里的草以莼菜、蕃草居多。阴水从这座山发源，向西流入洛水。

往北五十里，是劳山。这里有茂盛的紫草。弱水从这座山发源，然后向西流入洛水。

往西五十里，是罢谷山。洱水从这里发源，然后向西流入洛水。水中多出产紫色美石和碧色玉石。

往北一百七十里，是申山。山上是茂密的构树和柞树，山下是茂密的杻树和橿树，山南面还有丰富的金属矿物和玉石。区水从这座山发源，然后向东流入黄河。

往北二百里，是鸟山。山上到处是桑树，山下到处是构树。山北面盛产铁，而山南面盛产玉石。辱水从这座山发源，然后向东流入黄河。

再往北一百二十里，是上申山。山上没有花草树木，但到处是大石头，山下是茂密的榛树和楛树，野兽以白鹿居多。山里最多的禽鸟是当扈鸟，外形像普通的野鸡，用髯毛当翅膀来奋起高飞，吃了它的肉就能使人不眨眼睛。汤水从这座山发源，向东流入黄河。

再往北一百八十里，是诸次山。诸次水从这座山发源，然后向东流入黄河。这座诸次山，到处生长着树木却不生长花草，也没有禽鸟野兽栖居，但有许多蛇聚集在山中。

再往北一百八十里，是号山。山里的树木大多是漆树和棕树，而草以白芷、蘼草、芎䓖居多。山中还盛产泠石。端水从这座山发源，然后向东流入黄河。

再往北二百二十里，是孟山。山北面盛产铁，山南面盛产铜。山中的野兽大多是白色的狼和白色的虎，禽鸟也大多是白色的野鸡和白色的翠鸟。生水从这座山发源，然后向东流入黄河。

往西二百五十里，是白于山。山上是茂密的松树和柏树，山下是茂密的栎树和檀树，山中的野兽大多是牦牛和羬羊，而禽鸟以猫头鹰之类的居多。洛水发源于这座山的南面，然后向东流入渭水；夹水发源于这座山的北面，向东流入生水。

往西北三百里，是申首山。这里没有花草树木，冬季夏季都有积雪。申水发源于这座山的顶部，潜流到山下，水中有很多白色玉石。

再往西五十五里，是泾谷山。泾水从这座山发源，向东南流入渭水。这里多出产白银和白玉。

再往西一百二十里，是刚山。这里到处是茂密的漆树，多出产㻬琈玉。刚水从这座山发源，向北流入渭水。这里有很多神兽，长着人的面孔和野兽的身子，却只有一只脚和一只手，发出的声音像人呻吟。

再往西二百里，便到了刚山的尾端。洛水就发源于此，然后向北流入黄河。这里有很多的蛮蛮兽，外形像普通的老鼠却长着甲鱼的脑袋，发出的声音如同狗叫。

再往西三百五十里，是英鞮山。山上生长着茂密的漆树，山下蕴藏着丰富的金属矿物和玉石，禽鸟野兽都是白色的。浼水从这座山发源，然后向北流入陵羊泽。水里有很多冉遗鱼，长着鱼的身子、蛇的头和六只脚，眼睛长长的像马耳朵，吃了它的肉就能使人睡觉不做噩梦，也可以避凶邪之气。

再往西三百里，是中曲山。山南面盛产玉石，山北面盛产雄黄、白玉和金属矿物。山中有一种野兽，外形像普通的马，却长着白身子、黑尾巴和一只角，还长着老虎的牙齿和爪子，发出的声音如同击鼓的响声，名叫䮞，能吃老虎和豹子，饲养它可以防御兵祸。山中还有一种树木，长得像棠梨，但叶子是圆的，结红色的果实，果实像木瓜大小，名櫰木，人吃了它就能增添气力。

再往西二百六十里，是邽山。山上有一种野兽，外形像一般的牛，但全身长着刺猬毛，名叫穷奇，发出的声音如同狗叫，能吃人。濛水从这座山发源，向南流入洋水，水中有很多黄贝。还有一种蠃鱼，长着鱼的身子却有鸟的翅膀，发出的声音像鸳鸯鸣叫，在哪里出现，哪里就会有水灾。

再往西二百二十里，是鸟鼠同穴山。山上有很多白色的虎和洁白的玉。渭水从这座山发源，然后向东流入黄河。水中生长着许多鳋鱼，长得像一般的鳣鱼，在哪里出没，哪里就会有大战发生。滥水从鸟鼠同穴山的西面发源，向西流入汉水。水中有很多㤦鮨鱼，外形像反转过来的铫，长着鸟的脑袋、鱼一样的鳍和尾巴，叫声就像敲击磬石发出的响声，能吐出珠玉。

往西南三百六十里，是崦嵫山。山上生长着茂密的丹树，叶子像构树叶，结出的果实像瓜大小，红色的花萼却带着黑色的斑纹,人吃了它就可以治愈黄疸病,还可以避火。山南面有很多乌龟,而山北面到处是玉石。苕水从这座山发源,然后向西流入大海,水中有很多磨石。山中有一种野兽,长着马的身子、鸟的翅膀、人的面孔和蛇的尾巴,很喜欢把人抱着举起,名叫孰湖。山中还有一种禽鸟,外形像一般的猫头鹰而长着人的面孔,长尾猿一样的身子却拖着一条狗尾巴,它发出的叫声就是自己名字的读音,在哪里出现,哪里就会有大旱灾。

总计西方第四列山系,从阴山开始到崦嵫山为止,一共十九座山,绵延三千六百八十里。祭祀诸山山神时,都需用一只白色鸡献祭,祀神的米用稻米,拿白茅草来做神的坐席。

以上是西方经历之山的记录,总共七十七座山,绵延一万七千五百一十七里。

第四部分　山海经卷三　北山经

北山经 1

　　北方第一列山系的首座山，叫做单狐山。山上有茂密的桤木，也有茂盛的华草。漨水从这座山发源，然后向西流入泑水，水中有很多紫石和文石。

　　再往北二百五十里，是求如山。山上蕴藏着丰富的铜，山下有丰富的玉石，但没有花草树木。滑水从这座山发源，然后向西流入诸毗水。水中有很多滑鱼，外形像一般的鳝鱼，却长着红色的脊背，发出的声音像人支支吾吾地说话，吃了它的肉就能治好人的赘疣。水中还生长着很多水马，外形与一般的马相似，但前腿上有花纹，还拖着一条牛尾巴，发出的声音像人呼喊。

　　再往北三百里，是带山。山上盛产玉石，山下盛产青石碧玉。山中有一种野兽，外形像普通的马，头上的一只角有如粗硬的磨石，名叫䑏疏，人饲养它可以避火。山中还有一种禽鸟，外形像普通的乌鸦，但浑身长满带着红色斑纹的五彩羽毛，名叫鵸鵌。这种鸟自身兼有雌雄两种性器官，吃了它的肉就能使人不生痈疽。彭水从这座山发源，然后向西流入芘湖水。水中有很多儵鱼，外形像一般的鸡却长着红色的羽毛，有三条尾巴、六只脚和四只眼睛，它的叫声与喜鹊的鸣叫相似，吃了它的肉就能使人无忧无虑。

　　再往北四百里，是谯明山。谯水从这座山发源，向西流入黄河。水中生长着很多何罗鱼，长着一个脑袋却有十个身子，发出的声音像狗叫，人吃了它的肉就可以治愈痈肿
病。山中有一种兽，外形像豪猪却长着柔软的红毛，叫声如同用辘轳抽水的响声，名叫孟槐，人饲养它可以避凶邪之气。这座谯明山，没有花草树木，到处是石青和雄黄。

再往北三百五十里，是涿光山。嚣水从这座山发源，然后向西流入黄河。水中生长着很多鰼鰼鱼，外形像一般的喜鹊却长着十只翅膀，鳞甲全长在羽翅的尖端，发出的声音与喜鹊的鸣叫相似，人饲养它可以避火，吃了它的肉就能治好人的黄疸病。山上到处是松树和柏树，山下到处是棕树和橿树，山中的野兽以羚羊居多，禽鸟以蕃鸟居多。

再往北三百八十里，是虢山。山上是茂密的漆树，山下是茂密的梧桐树和椐树。山南阳面盛产玉石，山北阴面盛产铁。伊水从这座山发源，向西流入黄河。山中的野兽以橐驼居多。而禽鸟大多是寓鸟，外形与一般的老鼠相似却长着鸟一样的翅膀，发出的声音像羊叫，人饲养它可以防御兵祸。

再往北四百里，便到了虢山的尾端。山上到处是美玉而没有石头。鱼水从这里发源，向西流入黄河，水中有很多花纹斑斓的贝。

再往北二百里，是丹熏山。山上有茂密的臭椿树和柏树，这里的草以野韭菜和野薤菜居多，还盛产丹雘。熏水从这座山发源，然后向西流入棠水。山中有一种野兽，外形像一般的老鼠，却长着兔子的脑袋和麋鹿的耳朵，发出的声音如同狗嗥叫，用尾巴飞行，名叫耳鼠，人吃了它的肉就不会生鼓胀病，还可以避百毒之害。

再往北二百八十里，是石者山。山上没有花草树木，但到处是瑶、碧之类的美玉。泚水从这座山发源，向西流入黄河。山中有一种野兽，外形像普通的豹子，却长着花额头和白身子，名叫孟极，善于伏身隐藏，它叫的声音便是自身名称的读音。

再往北一百一十里，是边春山。山上到处是野葱、葵菜、韭菜、野桃树和李树。杠水从这座山发源，然后向西流入泑泽。山中有一种野兽，外形像猿猴而身上满是花纹，喜欢嬉笑，一看见人就假装睡着，名叫幽鴳，它叫的声音便是自身名称的读音。

再往北二百里，是蔓联山。山上没有花草树木。山中有一种野兽，外形像猿猴却长着鬣毛，还有牛一样的尾巴、长满花纹的双臂和马一样的蹄子，一看见人就呼叫，名叫足訾，它叫的声音便是自身名称的读音。山中又有一种禽鸟，喜欢成群栖息，结队飞行，尾巴与雌野鸡相似，名叫䴅，它叫的声音便是自身名称的读音，人吃了它的肉就能治好风痹病。

再往北一百八十里，是单张山。山上没有花草树木。山中有一种野兽，外形像豹子却拖着一条长长的尾巴，还长着人一样的脑袋和牛一样的耳朵，只有一只眼睛，名叫诸犍，喜欢吼叫，行走时就用嘴衔着尾巴，卧睡时就将尾巴蜷曲起来。山中又有一种禽鸟，外形像普通的野鸡，却长着花脑袋、白色翅膀、黄色脚，人吃了它的肉就能治好咽喉疼痛，还可以治愈疯癫症。栎水从这座山发源，然后向南流入杠水。

再往北三百二十里，是灌题山。山上是茂密的臭椿树和柘树，山下到处是流沙，还多出产磨石。山中有一种野兽，外形像普通的牛却拖着一条白色的尾巴，发出的声音如同人在高声呼唤，名叫那父。山中还有一种禽鸟，外形像一般的雌野鸡却长着人的面孔，一看见人就跳跃，名叫竦斯，它叫的声音便是自身名称的读音。匠韩水从这座山发源，然后向西流入泑泽，水中有很多磁铁石。

再往北二百里，是潘侯山。山上是茂密的松树和柏树，山下是茂密的榛树和楛树。山南面蕴藏着丰富的玉石，山北面蕴藏着丰富的铁。山中有一种野兽，长得像一般的牛，但四肢关节上都有长长的毛，名叫牦牛。边水从这座山发源，然后向南流入栎泽。

再往北二百三十里，是小咸山。这里没有花草树木，冬天和夏天都有积雪。

往北二百八十里，是大咸山。这里没有花草树木，山下盛产玉石。这座大咸山，呈四方形，人无法攀登上去。山中有一种蛇叫长蛇，身上的毛与猪脖子上的硬毛相似，发出的声音像是人在敲击木梆子。

再往北三百二十里，是敦薨山。山上是茂密的棕树和楠树，山下是大片的紫草。敦薨水从这座山发源，然后向西流入泑泽。这泑泽位于昆仑山的东北角，是黄河的源头。水中有很多赤鲑。那里的野兽以兕和牦牛居多，而禽鸟大多是布谷鸟。

再往北二百里，是少咸山。山上没有花草树木，到处是青石碧玉。山中有一种野兽，外形像普通的牛，却长着红色的身子、人的面孔和马的蹄子，名叫窫窳，发出的声音如同婴儿啼哭，能吃人。敦水从这座山发源，向东流入雁门水。水中生长着很多鱛鱛鱼，人吃了它的肉就会中毒而死。

再往北二百里，是狱法山。瀤泽水从这座山发源，然后向东北流入泰泽。水中生长着很多怪鱼，外形像一般的鲤鱼却长着鸡爪子，人吃了它的肉就能治好赘瘤。山中还有一种野兽，外形像普通的狗却长着人的面孔，擅长投掷，一看见人就嬉笑，它走起来就像刮风，一出现天下就会起大风。

再往北二百里，是北岳山。山上到处是枳树、酸枣树和檀、柘一类的树木。山中有一种野兽，外形像一般的牛，却长着四只角、人的眼睛和猪的耳朵，名叫诸怀，发出的声音如同大雁鸣叫，能吃人。诸怀水从这座山发源，然后向西流入嚣水。水中有很多鮨鱼，长着鱼的身子和狗的脑袋，发出的声音像婴儿啼哭，人吃了它的肉就能治愈疯狂病。

再往北一百八十里，是浑夕山。山上没有花草树木，但盛产铜和玉石。嚣水从这座山发源，然后向西北流入大海。这里有一种长着一个头两个身子的蛇，名叫肥遗，在哪个国家出现，哪个国家就会发生大旱灾。

再往北五十里，是北单山。山上没有花草树木，却生长着茂盛的野葱和野韭菜。

再往北一百里，是罴差山。这里没有花草树木，却有很多小个头的野马。

再往北一百八十里,是北鲜山。这里也有很多小个头的野马。鲜水从这里发源,然后向西北流入涂吾水。

再往北一百七十里,是隄山。这里同样有许多小个头的野马。山中有一种野兽,长得像一般的豹子而脑袋上有花纹,名叫狗。隄水从这座山发源,然后向东流入泰泽,水中有很多龙和龟。

总计北方第一列山系的首尾,自单狐山起到隄山止,一共二十五座山,绵延五千四百九十里。诸山山神都长着人的面孔和蛇的身子。祭祀山神时,需把毛物中用作祭品的一只公鸡和一头猪埋入地下,祀神的美玉则用一块玉珪,将之也埋入地下,而不需要用米来祭祀。住在诸山北面的人,都生吃未经火烤的食物。

北山经 2

北方第二列山系的首座山,坐落在黄河的东岸,山的首端枕着汾水,这座山叫管涔山。山上没有树木,却到处是茂密的花草,山下盛产玉石。汾水从这座山发源,然后向西流入黄河。

再往北二百五十里,是少阳山。山上盛产玉石,山下盛产赤银。酸水从这座山发源,然后向东流入汾水,水中有很多优良赭石。

再往北五十里,是县雍山。山上蕴藏着丰富的玉石,山下蕴藏着丰富的铜。山中的野兽大多是山驴和麋鹿,而禽鸟以白色野鸡和白鹆居多。晋水从这座山发源,然后向东南流入汾水。水中生长着很多鮆鱼,外形像小儵鱼却长着红色的鳞甲,发出的声音如同人的斥责声,吃了它的肉能使人没有狐臊臭。

再往北二百里,是狐岐山。山上没有花草树木,到处是青石碧玉。胜水从这座山发源,然后向东北流入汾水,水中有很多苍玉。

再往北三百五十里,是白沙山。这座山方圆三百里,到处是沙子,没有花草树木和禽鸟野兽。鲔水从这座山的山顶发源,然后潜流到山下,水中有很多白玉。

再往北四百里,是尔是山。这里没有花草树木,也没有水。

再往北三百八十里,是狂山。这里没有花草树木,冬天和夏天都有雪。狂水从这座山发源,然后向西流入浮水,水中有很多优良玉石。

再往北三百八十里,是诸余山。山上蕴藏着丰富的铜和玉石,山下到处是茂密的松树和柏树。诸余水从这座山发源,然后向东流入㳌水。

再往北三百五十里,是敦头山。山上有丰富的金属矿物和玉石,但不生长花草树木。㳌水从这座山发源,然后向东流入邛泽。山中有很多怪马,长着牛一样的尾巴、白色身子和一只角,发出的声音如同人在呼唤。

再往北三百五十里,是钩吾山。山上盛产玉石,山下盛产铜。山中有一种野兽,长着羊的身子和人的面孔,眼睛长在腋窝下,有着老虎一样的牙齿和人一样的指甲,发出的声音如同婴儿啼哭,名叫狍鸮,能吃人。

再往北三百里,是北嚣山。山中没有石头,山南面多出产碧玉，山北面多出产玉石。山中有一种野兽，外形像一般的老虎，却长着白色身子、狗脑袋、马的尾巴和猪脖子上的硬毛。山中还有一种禽鸟，外形像一般的乌鸦却长着人的面孔，在夜里飞行而在白天隐伏，吃了它的肉就能使人不中暑。浒水从这座山发源，然后向东流入邛泽。

再往北三百五十里，是梁渠山。这里不生长花草树木，但有丰富的金属矿物和玉石。修水从这座山发源，然后向东流入雁门水。山中的野兽大多是居暨兽，外形像刺猬却浑身长着红色的毛，发出的声音如同小猪叫。山中还有一种禽鸟，长得像夸父，却有四只翅膀、一只眼睛和狗一样的尾巴，名叫嚣。它的叫声与喜鹊的鸣叫相似，人吃了它的肉就可以止住肚子痛，还可以治好腹泻。

再往北四百里，是姑灌山。这里没有花草树木，冬天夏天都有雪。

再往北三百八十里，是湖灌山。山南面盛产玉石，山北面盛产碧玉，并有许多小个头的野马。湖灌水从这座山发源，然后向东流入大海，水中有很多鳝鱼。山里生长着一种树木，叶子像柳树叶而有红色的纹理。

再往北行五百里水路，然后经过三百里流沙，便到了洹山。山上蕴藏着丰富的金属矿物和玉石。山中生长着一种三桑树，这种树都不长枝条，树干高达一百仞。山中还生长着各种果树。山下有很多怪蛇。

再往北三百里，是敦题山。这里不长花草树木，但蕴藏有丰富的金属矿物和玉石。这座山坐落在北海的岸边。

总计北方第二列山系的首尾，自管涔山起到敦题山止，一共十七座山，绵延五千六百九十里。诸山山神都长着蛇的身子和人的面孔。祭祀山神时，需把毛物中用作祭品的一只公鸡和一头猪一起埋入地下，在祀神的玉器中用一块玉璧和一块玉珪一起投向山中，而不用米祀神。

北山经 3

北方第三列山系的首座山，叫做太行山。太行山的首端叫归山。太行山上出产金属矿物和玉石，山下出产碧玉。山中有一种野兽，外形像普通的羚羊却有四只角，长着马一样的尾巴和鸡一样的爪子，名叫䭨，善于旋转起舞，它发出的叫声就是自身名称的读音。山中还有一种禽鸟，外形像一般的喜鹊，却长着白身子、红尾巴和六只脚，名叫鹎。这种鸟十分警觉，它发出的叫声就是自身名称的读音。

再往东北二百里，是龙侯山。这里不生长花草树木，但有丰富的金属矿物和玉石。决决水从这座山发源，然后向东流入黄河。水中有很多人鱼，外形像鲋鱼，却有四只脚，发出的声音像婴儿啼哭，吃了它的肉就能使人不痴呆。

再往东北二百里，是马成山。山上多出产有纹理的美石，山北面有丰富的金属矿物和玉石。山里有一种野兽，外形像普通的白狗却长着黑脑袋，一看见人就腾空飞起，名叫天马，它的叫声就是自身名称的读音。山里还有一种禽鸟，外形像一般的乌鸦，却长着白色的脑袋、青色的身子和黄色的足爪，名叫鶌鶋。它的叫声便是自身名称的读音，吃了它的肉能使人不感觉饥饿，还可以医治老年健忘症。

再往东北七十里，是咸山。山上盛产玉石，山下盛产铜。这里到处是松树和柏树，这里的草以紫草居多。条菅水从这座山发源，然后向西南流入长泽。水中多出产器酸，这种器酸三年才能收获一次，吃了它就能治愈人的麻风病。

再往东北二百里，是天池山。山上没有花草树木，到处是带有花纹的美石。山中有一种野兽，外形像一般的兔子却长着老鼠的头，借助它背上的毛飞行，名叫飞鼠。渑水从这座山发源，然后潜流到山下，水中有很多黄色垩土。

再往东三百里，是阳山。山上有丰富的玉石，山下有丰富的金铜。山中有一种野兽，外形像普通的牛却长着红尾巴，脖子上有肉瘤，像斗的外形，名叫领胡，它发出的叫声便是自身名称的读音，人吃了它的肉就能治愈癫狂症。山中还有一种禽鸟，外形像雌性野鸡，羽毛上有五彩斑斓的花纹，一身兼有雄雌两种性器官，名叫象蛇，它发出的叫声便是自身名称的读音。留水从这座山发源，然后向南流入黄河。水中生长着鲐父鱼，外形像一般的鲫鱼，却长着鱼的头和猪的身子，人吃了它的肉可以治愈呕吐。

再往东三百五十里，是贲闻山。山上盛产苍玉，山下盛产黄色垩土，也有许多涅石。

再往北一百里，是王屋山。这里到处是石头。从这座山发源的水流，向西北流入泰泽。

再往东北三百里，是教山。山上有丰富的玉石而没有石头。教水从这座山发源，向西流入黄河。这条河到了冬季干枯而在夏季有水，可说是一条干河。教水的河道中有两座小山，方圆各三百步，名叫发丸山。小山上蕴藏着金属矿物和玉石。

再往南三百里,是景山。在山上向南可以望见盐贩泽,向北可以望见少泽。山上生长着茂密的丛草和山药,这里的草以秦椒最多。山北面多出产赭石,山南面多出产玉石。山里有一种禽鸟,外形像一般的蛇,却长有四只翅膀、六只眼睛和三只脚,名叫酸与,它发出的叫声便是自身名称的读音,在哪里出现,哪里就会发生使人惊恐的事情。

再往东南三百二十里,是孟门山。山上蕴藏着丰富的苍玉,还盛产金属矿物;山下到处是黄色垩土,还有许多涅石。

再往东南三百二十里,是平山。平水从这座山的顶上发源,然后潜流到山下,水中有很多优良玉石。

再往东二百里,是京山。这里盛产美玉,到处有漆树,遍山是竹林。这座山的南面出产赤铜,山北背阴面出产黑色磨石。高水从这座山发源,向南流入黄河。

再往东二百里,是虫尾山。山上有丰富的金属矿物和玉石,山下到处是竹丛,还有很多青石碧玉。丹水从这座山发源,向南流入黄河;薄水也从这座山发源,向东南流入黄泽。

再往东三百里,是彭毗山。山上不生长花草树木,有丰富的金属矿物和玉石,山下到处是流水。蚤林水从这座山发源,向东南流入黄河。肥水也从这座山发源,然后向南流入床水,水中有很多叫肥遗的蛇。

再往东一百八十里,是小侯山。明漳水从这座山发源,向南流入黄泽。山中有一种禽鸟,长得一般的乌鸦,身上有白色斑纹,名叫鸪鹍,吃了它的肉就能使人的眼睛明亮而不昏花。

再往东三百七十里，是泰头山。共水从这座山发源，向南流入虖池水。山上有丰富的金属矿物和玉石，山下到处是小竹丛。

再往东北二百里，是轩辕山。山上多出产铜，山下到处是竹子。山中有一种禽鸟，外形像一般的猫头鹰却长着白脑袋，名叫黄鸟，发出的叫声便是它自身名称的读音，吃了它的肉就能使人不生妒忌心。

再往北二百里，是谒戾山。山上到处是松树和柏树，还蕴藏着金属矿物和玉石。沁水从这座山发源，向南流入黄河。在这座山的东面有一片树林，叫做丹林。丹林水便从这里发源，向南流入黄河；婴侯水也从这里发源，向北流入氾水。

往东三百里，是沮洳山。这里不生长花草树木，而有金属矿物和玉石。濝水从这座山发源，向南流入黄河。

再往北三百里，是神囷山。山上出产带有花纹的漂亮石头，山下有白蛇，还有飞虫。黄水从这座山发源，然后向东流入洹水；滏水也从这座山发源，向东流入欧水。

再往北二百里，是发鸠山。山上生长着茂密的柘树。山中有一种禽鸟，外形像一般的乌鸦，却长着花脑袋、白嘴巴和红脚爪，名叫精卫，它发出的叫声就是自身名称的读音。精卫鸟原是炎帝的小女儿，名叫女娃。女娃到东海游玩，淹死在东海里没有返回，就变成了精卫鸟。它常常衔着西山的树枝和石子，用来填塞东海。漳水从这座山发源，向东流入黄河。

再往东北一百二十里，是少山。山上出产金属矿物和玉石，山下出产铜。清漳水从这座山发源，向东流入浊漳水。

再往东北二百里，是锡山。山上有丰富的玉石，山下出产磨石。牛首水从这座山发源，然后向东流入滏水。

再往北二百里，是景山。山上出产优良的玉石。景水从这座山发源，向东南流入海泽。

再往北一百里，是题首山。这里出产玉石，还有许多石头，但没有水。

再往北一百里，是绣山。山上有青石碧玉等各种玉石，山中的树木大多是枸树（古人常用树干部分的木材制作拐杖），而草以芍药（多年生草本花卉，初夏开花，与牡丹相似）、芎䓖居多。洧水从这座山发源，然后向东流入黄河，水中有鳡鱼（体态较细，灰褐色，头扁平，后缘有锯齿）和黾蛙（蛙的一种，形体同蛤蟆相似而小一些，皮肤青色）。

再往北一百二十里，是松山。阳水从这座山发源，向东北流入黄河。

再往北一百二十里，是敦与山。山上不生长花草树木，但蕴藏有金属矿物和玉石。溹水从敦与山的南面山脚流出，然后向东流入泰陆水；泜水从敦与山的北面山脚流出，然后向东流入彭水；槐水也从这座山发源，然后向东流入泜泽。

再往北一百七十里，是柘山。山南面出产金属矿物和玉石，山北面出产铁。历聚水从这座山发源，然后向北流入洧水。

再往北三百里，是维龙山。山上出产碧玉，山南面有金，山北面有铁。肥水从这座山发源，然后向东流入皋泽，水中有很多高耸的大石头。敞铁水也从这座山发源，然后向北流入大泽。

再往北一百八十里，是白马山。山南面有很多石头和玉石，山北面有丰富的铁，还多出产赤铜。木马水从这座山发源，然后向东北流入滹池水。

再往北二百里，是空桑山。这里没有花草树木，冬天夏天都有雪。空桑水从这座山发源，向东流入滹池水。

再往北三百里，是泰戏山。这里不生长花草树木，到处蕴藏着金属矿物和玉石。山中有一种野兽，外形普通的羊，却只有一只角和一只眼睛，眼睛在耳朵的背后，名叫辣辣，它发出的叫声便是自身名称的读音。滹池水从这座山发源，然后向东流入溇水；液女水发源于这座山的南面，向南流入沁水。

再往北三百里，是石山。山中有丰富的金属矿物和玉石。濩濩水从这座山发源，然后向东流入滹池水；鲜于水也从这座山发源，然后向南流入滹池水。

再往北二百里，是童戎山。皋涂水从这座山发源，然后向东流入溇液水。

再往北三百里，是高是山。滋水从这座山发源，然后向南流入滹池水。山中的树木大多是棕树，草大多是条草。滱水也从这座山发源，然后向东流入黄河。

再往北三百里，是陆山。这里有很多优良玉石。从这座山发源的小溪，向东流入黄河。

再往北二百里，是沂山。般水从这座山发源，然后向东流入黄河。

往北一百二十里，是燕山。这里出产很多的婴石（一种像玉一样的带有彩色条纹的漂亮石头)。燕水从这座山发源，向东流入黄河。

再往北走五百里山路，又走五百里水路，便到了饶山。这座山不生长花草树木，到处是瑶、碧一类的美玉。山中的野兽大多是骆驼，而禽鸟大多是䴔䴖。历虢水从这座山发源，然后向东流入黄河。水中有师鱼，人吃了它的肉就会中毒而死。

再往北四百里，是乾山。这里没有花草树木。山南面蕴藏着金属矿物和玉石，山北面蕴藏着铁，但没有水流。山中有一种野兽，外形像普通的牛却长着三只脚，名叫㺍，它发出的叫声便是自身名称的读音。

再往北五百里，是伦山。伦水从这座山发源，然后向东流入黄河。山中有一种野兽，长得像麋鹿，肛门却长在尾巴上面，名叫罴九。

再往北五百里，是碣石山。绳水从这座山发源，然后向东流入黄河，水中有很多蒲夷鱼。山上出产玉石，山下还有很多青石碧玉。

再往北行五百里水路，便到了雁门山。这里没有花草树木。

再往北行四百里水路，便到了泰泽。在泰泽中屹立着一座山，叫做帝都山。这座山方圆一百里，不生长花草树木，有金属矿物和玉石。

再往北五百里，是錞于毋逢山。从山上向北可以望见鸡号山，那里吹出的风强劲有力；向西可以望见幽都山，浴水从那里流出。山中有一种大蛇，长着红色的脑袋和白色的身子，发出的声音如同牛叫，在哪里出现，哪里就会有大旱灾。

总计北方第三列山系的首尾，自太行山起到无逢山止，一共四十六座山，绵延一万二千三百五十里。其中有二十座山的山神都长着马一样的身子和人一样的面孔。祭祀这些山神，都是把用作祭品的藻和茝之类的香草埋入地下。另外十四位山神都长着猪一样的身子，佩戴着玉制饰品。祭祀这些山神，需用祀神的玉器，但不埋入地下。还有十位山神都长着猪一样的身子，却有八只脚和蛇一样的尾巴。祭祀这些山神，需用一块玉璧祭祀后埋入地下。总共四十四位山神，都要用精米来祭祀。

以上是北方经历之山的记录，总共八十七座山，绵延二万三千二百三十里。

第五部分 山海经卷四 东山经

东山经 1

东方第一列山系的首座山,叫做樕螽山,北面与乾昧山相邻。食水从这座山发源,然后向东北流入大海。水中有很多鱅鱅鱼,长得像毛色黄黑相杂的犁牛,发出的声音如同猪叫。

再往南三百里,是藟山。山上有玉,山下有金。湖水从这座山发源,向东流入食水,水中有很多蝌蚪。

再往南三百里,是栒状山。山上有丰富的金属矿物和玉石,山下有丰富的青石碧玉。山中有一种野兽,外形像一般的狗却长着六只脚,名叫从从,它发出的叫声便是自身名称的读音。山中有

一种禽鸟,外形像普通的鸡却长着老鼠一样的尾巴,名叫蚩鼠,在哪里出现,哪里就会有大旱灾。汦水从这座山发源,向北注入湖水。水中有很多箴鱼,外形像白鲦,嘴巴像长针,人吃了它的肉就不会染上瘟疫。

再往南三百里,是勃齐山。这里没有花草树木,也没有水。

再往南三百里,是番条山。这里没有花草树木,到处是

沙子。减水从这座山发源，向北流入大海，水中有很多凶猛的鳡鱼。

再往南四百里，是姑儿山。山上有茂密的漆树，山下有茂密的桑树和柘树。姑儿水从这座山发源，向北流入大海，水中有很多鳡鱼。

再往南四百里，是高氏山。山上盛产玉石，山下盛产箴石。诸绳水从这座山发源，向东流入湖泽，水中有许多金属矿物和玉石。

再往南三百里，是岳山。山上有茂密的桑树，山下有茂密的臭椿树。泺水从这座山发源，向东流入湖泽，水中有许多金属矿物和玉石。

再往南三百里，是犲山。山上不生长花草树木，山下到处是流水，水中有很多堪孖鱼。山中有一种野兽，长得像夸父却有一身猪毛，发出的声音如同人呼叫，一出现天下就会发生水灾。

再往南三百里，是独山。山上有丰富的金属矿物和玉石，山下多的是美观漂亮的石头。末涂水从这座山发源，然后向东南流入沔水。水中有很多怪鱼，外形

与黄蛇相似，却长着鱼一样的鳍，出入水中时闪闪发光，在哪里出现，哪里就会有大旱灾。

再往南三百里，是泰山。山上盛产玉，山下盛产金。山

中有一种野兽，外形与一般的猪相似而体内有珠子，名叫狪狪，它发出的叫声便是自身名称的读音。环水从这座山发源，向东流入汶水，水中有很多水晶石。

再往南三百里，是竹山，坐落于汶水边上。这座山没有花草树木，到处是瑶、碧一类的玉石。激水从竹山发源，然后向东南流入娶檀水，水中有很多紫色螺。

总计东方第一列山系的首尾，自樕䗡山起到竹山止，一共十二座山，绵延三千六百里。诸山山神都长着人的身子和龙的头。祭祀山神时，在毛物中用一只狗作为祭品来祭祀，祷告时要用鱼。

东山经 2

东方第二列山系的首座山，叫做空桑山。它的北面临近食水，在山上向东可以望见沮吴，向南可以望见沙陵，向西可以望见湣泽。山中有一种野兽，外形像普通的牛却有老虎一样的斑纹，发出的声音如同人在呻吟，名叫軨軨，它的叫声便是自身名称的读音，一出现天下就会发生水灾。

再往南六百里，是曹夕山。山下到处是构树，却没有水流，还有许多禽鸟野兽。

再往西南四百里，是峄皋山。山上有丰富的金属矿物和玉石，山下有丰富的白垩土。峄皋水从这座山发源，向东流入激女水，水中有很多大蛤和小蚌。

再往南行五百里水路，经过三百里流沙，便到了葛山的尾端。这里没有花草树木，到处是粗细磨石。

再往南三百八十里，就是葛山的首端。这里没有花草树木。澧水从此发源，向东流入余泽，水中有很多珠蟞鱼，外形像动物的一叶肺却有四只眼睛，还有六只脚而且能吐珠子。这种珠蟞鱼的肉味是酸中带甜，人吃了它的肉就不会染上瘟疫。

再往南三百八十里，是𫶕峨山。山上有茂密的梓树和楠树，山下有茂密的牡荆树和枸杞树。杂余水从这座山发源，向东流入黄水。山中有一种野兽，外形像一般的兔子，却长着鸟的嘴、鹞鹰的眼睛和蛇的尾巴，一看见人就躺下装死，名叫犰狳，发出的叫声便是它自身名称的读音。它一出来，就会有蝗虫出现为害庄稼。

再往南三百里，是杜父山。这里不生长花草树木，到处是流水。

再往南三百里，是耿山。这里没有花草树木，到处是水晶石，还有很多大蛇。山中有一种野兽，外形像狐狸却长着鱼鳍，名叫朱獳，发出的叫声便是它自身名称的读音，在哪个国家出现，哪个国家就会有恐怖的事发生。

再往南三百里，是卢其山。这里不生长花草树木，到处是沙子石头。沙水从这座山发源，向南流入涔水。山中有很多鹈鹕鸟，外形像一般的鸳鸯却长着人一样的脚，发出的叫声便是它自身名称的读音，在哪个国家出现，哪个国家就会大兴水土工程。

再往南三百八十里，是姑射山。这里没有花草树木，到处是流水。

再往南行三百里水路，经过一百里流沙，是北姑射山。这里没有花草树木，到处是石头。

再往南三百里，是南姑射山。这里没有花草树木，到处是流水。

再往南三百里，是碧山。这里没有花草树木，有许多大蛇，还盛产碧玉和水晶石。

再往南五百里，是缑氏山。这里不生长花草树木，有丰富的金属矿物和玉石。原水从这座山发源，向东流入沙泽。

再往南三百里，是姑逢山。这里没有花草树木，有丰富的金属矿物和玉石。山中有一种野兽，外形像一般的狐狸却有翅膀，发出的声音如同大雁鸣叫，名叫獙獙，一出现天下就会发生大旱灾。

再往南五百里，是凫丽山。山上有丰富的金属矿物和玉石，山下盛产箴石。山中有一种野兽，外形像一般的狐狸，却有九条尾巴、九个脑袋和虎一样的爪子，名叫蠪蛭，发出的声音如同婴儿啼哭，是能吃人的。

再往南五百里，是磹山。它的南面临近磹水。从山上向东可以望见湖泽。山中有一种野兽，外形像普通的马，却长着羊一样的眼睛、四只角和牛一样的尾巴，发出的声音如同狗叫，名叫峳峳，在哪个国家出现，哪个国家里就会有很多奸猾的政客。山中还有一种禽鸟，外形像野鸭子却长着老鼠一样的尾巴，擅长攀登树木，名叫絜钩，在哪个国家出现，哪个国家就会多次发生瘟疫。

总计东方第二列山系的首尾，自空桑山起到磹山止，一共十七座山，绵延六千六百四十里。诸山山神都长着野兽的身子和人的面孔，而且头上戴着觢角。祭祀山神时，在毛物中用一只鸡献祭，在祀神的玉器中用一块玉璧，献祭后埋入地下。

东山经 3

东方第三列山系的首座山，叫做尸胡山。从山上向北可以望见𦍙山。尸胡山上有丰富的金属矿物和玉石，山下有茂密的酸枣树。山中有一种野兽，长得像麋鹿却有着鱼一样的眼睛，名叫妴胡，它发出的叫声便是自身名称的读音。

再往南行八百里水路，是岐山。山中的树木大多是桃树和李树，而野兽大多是老虎。

再往南行五百里水路，是诸钩山。这里没有花草树木，到处是沙子和石头。这座山方圆一百里，有很多寐鱼。

再往南行七百里水路，是中父山。这里没有花草树木，到处是沙子。

再往东行一千里水路，是胡射山。这里没有花草树木，到处是沙子和石头。

再往南行七百里水路，是孟子山。山中的树木大多是梓树和桐树，还生长着茂密的桃树和李树，山中的草大多是紫菜、石花菜之类，山中的野兽大多是麋和鹿。这座山方圆一百里。有条河水从山上流出，名叫碧阳，水中生长着很多鳣鱼和鲔鱼。

再往南行五百里水路，经过五百里流沙，有一座山，叫做跂踵山。这座山方圆二百里，没有花草树木，有大蛇，还有丰富的玉石。这里有一方水潭,方圆四十里都在喷涌泉水,名叫深泽,水中有很多蠵龟。水中还生长着一种鱼,外形像一般的鲤鱼,却长着六只脚和鸟一样的尾巴,名叫鲐鲐鱼,发出的叫声便是它自身名称的读音。

再往南行九百里水路,是踇隅山。山上有茂密的花草树木,有丰富的金属矿物和玉石,还有许多赭石。山中有一种野兽,长得像一般的牛却有着马一样的尾巴,名叫精精,它发出的叫声便是自身名称的读音。

再往南行五百里水路,经过三百里流沙,便到了无皋山。从山上向南可以望见幼海,向东可以望见扶桑。这里不生长花草树木,到处刮大风。这座山方圆一百里。

总计东方第三列山系的首尾,自尸胡山起到无皋山止,一共九座山,绵延六千九百里。诸山山神都长着人的身子,头上却顶着羊角。祭祀山神时,在毛物中用一只公羊作祭品,祀神的米用黄米。这些山神一出现就会起大风、下大雨、发大水而损坏庄稼。

东山经 4

东方第四列山系的首座山,叫做北号山,屹立在北海边上。山中有一种树木,长得像普通的杨树,开红色花朵,果实与枣子相似但没有核,味道是酸中带甜,吃了它,人就不会患上疟疾。食水从这座山发源,然后向东北流入大海。山中有一种野兽,外形像狼,却长着红脑袋和老鼠一样的眼睛,发出的声音如同小猪叫,名叫獦狙,能吃人。山中还有一种禽鸟,外形像普通的鸡,却长着白脑袋、老鼠一样的脚和老虎一样的爪子，名叫䳄雀，也是能吃人的。

再往南三百里，是㱿山。这里没有花草树木。苍体水从这座山发源，然后向西流入展水。水中生长着很多鱃鱼，长得像鲤鱼而头很大，吃了它的肉就能使人皮肤上不生小疙瘩。

再往南三百二十里，是东始山。山上多出产苍玉。山中有一种树木，长得像一般的杨树却有红色纹理，树干中的汁液与血相似，不结果实，名叫芑，把它的汁液涂在马身上就可使马驯服。泚水从这座山发源，然后向东北流入大海。水中有许多美丽的贝，还有很多茈鱼。茈鱼的外形像一般的鲫鱼，却长着十个身子，它的气味与蘼芜草相似，人吃了它就不放屁。

再往东南三百里，是女烝山。山上没有花草树木。石膏水从这座山发源，然后向西流入鬲水。水中有很多薄鱼，长得像一般的鳝鱼却只有一只眼睛，发出的声音如同人在呕吐，一出现天下就会发生大旱灾。

再往东南二百里，是钦山。山中有丰富的金属矿物和玉石，却没有石头。师水从这座山发源，然后向北流入皋泽。水中有很多鱃鱼，还有很多色彩斑斓的贝。山中有一种野兽，外形像小猪却长着大獠牙，名叫当康，它发出的叫声就是自身名称的读音，一出现天下就要大丰收。

再往东南二百里，是子桐山。子桐水从这座山发源，然后向西流入余如泽。水中生长着很多鲢鱼，外形与一般的鱼相似却长着禽鸟的翅膀，出入水中时闪闪发光，发出的声音如同鸳鸯鸣叫，一出现天下就会发生大旱灾。

再往东北二百里，是剡山。山上有丰富的金属矿物和玉石。山中有一种野兽，外形像猪却长着人的面孔，黄色的身子上拖着红色尾巴，名叫合窳，发出的声音如同婴儿啼哭。这种合窳兽，是吃人的，也吃虫和蛇，一出现天下就会发生水灾。

再往东二百里，是太山。山上有丰富的金属矿物、玉石和茂密的女贞树。山中有一种野兽，外形像一般的牛却长着白脑袋和蛇一样的尾巴，只有一只眼睛，名叫蜚。它行经有水的地方水就干涸，行经有草的地方草就枯死，一出现天下就会发生大瘟疫。钩水从这座山发源，然后向北流入劳水，水中有很多鳡鱼。

总计东方第四列山系的首尾，自北号山起到太山止，一共八座山，绵延一千七百二十里。

以上是东方经历之山的记录，总共四十六座山，绵延一万八千八百六十里。

第六部分 山海经卷五 中山经

中山经 1

中央第一列山系薄山山系的首座山，叫做甘枣山。共水从这座山发源，然后向西流入黄河。山上有茂密的杻树。山下有一种草，长着葵菜一样的茎干，杏树一样的叶子，开黄色的花朵，结带荚的果实，名叫箨，人吃了它可以治愈眼睛昏花。山中还有一种野兽，长得像猷鼠而额头上有花纹，吃了它的肉就能治好人脖子上的赘瘤。

再往东二十里，是历儿山。山上有茂密的檀树和枥树。枥树的茎干是方形的而叶子是圆形的，开黄色花，花瓣上有绒毛，果实像楝树结的果实，人服用它可以增强记忆而不忘事。

再往东十五里，是渠猪山。山上有茂盛的竹子。渠猪水从这座山发源，然后向南流入黄河。水中有很多豪鱼，外形像一般的鲔鱼，但长着红嘴巴和带羽毛的红尾巴，人吃了它的肉就能治愈白癣。

再往东三十五里，是葱聋山。山中有许多又深又长的峡谷，到处是白垩土，还有黑垩土、青垩土和黄垩土。

再往东十五里，是湋山。山上有丰富的赤铜，山北面盛产铁。

又往东七十里，是脱扈山。山中有一种草，长着像葵菜一样的叶子，开红花，结的是带荚的果实，它的果荚与棕树的相似，名叫植楮。可以用它治愈精神抑郁症，服食它就能使人不做噩梦，不在睡梦中呻吟、惊叫。

再往东二十里，是金星山。山中有很多天婴，外形与龙骨相似，可以用来医治痤疮。

再往东七十里，是泰威山。山中有一道峡谷叫做枭谷，那里盛产铁。

再往东十五里，是橿谷山。山中有丰富的赤铜。

再往东一百二十里，是吴林山。山中生长着茂盛的兰草。

再往北三十里，是牛首山。山中生长着一种草，名叫鬼草，叶子像葵菜叶却长着红色茎干，开的花像禾苗吐穗时的花絮，服食它就能使人无忧无虑。劳水从这座山发源，然后向西流入潏水。水中有很多飞鱼，长得像一般的鲫鱼，人吃了它的肉就能治愈痔疮和痢疾。

再往北四十里，是霍山。这里到处是茂密的构树。山中有一种野兽，外形像一般的狸猫却长着白尾巴，脖子上有鬃毛，名叫朏朏，人饲养它就可以消除忧愁。

再往北五十二里，是合谷山。这里到处是薝棘。

再往北三十五里，是阴山。这里多的是粗磨石和色彩斑斓的漂亮石头。少水从这座山发源。山中有茂密的彫棠树，叶子像榆树叶却呈四方形，结的果实像红豆，服食它就能治愈人的耳聋病。

再往东四百里，是鼓镫山。这里有丰富的赤铜。山中有一种草，名叫荣草，叶子与柳树叶相似，根茎与鸡蛋相似，人吃了它就能治愈风痹病。

总计薄山山系的首尾,自甘枣山起到鼓镫山止,一共十五座山,绵延六千六百七十里。历儿山是诸山的宗主,祭祀宗主山山神时,在毛物中用猪、牛、羊齐全的三牲作祭品,再悬挂上吉玉献祭。祭祀其余十三座山的山神时,在毛物中用一只羊作祭品,再悬挂上祀神玉器中的藻珪献祭,祭礼完毕把它埋入地下,而不用米祀神。

中山经 2

中央第二列山系济山山系的首座山,叫做辉诸山。山上有茂密的桑树,山中的野兽大多是长着羚羊角的山驴和麋鹿,而禽鸟大多是天性勇猛好斗的鹖鸟。

再往西南二百里,是发视山。山上有丰富的金属矿物和玉石,山下多出产磨刀石。即鱼水从这座山发源,然后向西流入伊水。

再往西三百里,是豪山。山上有丰富的金属矿物和玉石,没有花草树木。

再往西三百里,是鲜山。这里有丰富的金属矿物和玉石,但不生长花草树木。鲜水从这座山发源,然后向北流入伊水。水中有很多鸣蛇,外形像一般的蛇却长着四只翅膀,叫声如同击磬的声音,在哪里出现,哪里就会发生大旱灾。

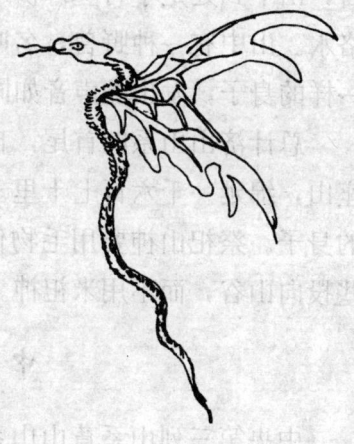

再往西三百里，是阳山。这里到处是石头，没有花草树木。阳水从这座山发源，然后向北流入伊水。水中有很多化蛇，长着人的面孔，却有着豺一样的身子和禽鸟的翅膀，像蛇一样蜿蜒曲折地伏地爬行，发出的声音如同人在呵斥，在哪里出现，哪里就会发生水灾。

再往西二百里，是昆吾山。山上有丰富的赤铜。山中有一种野兽，外形像一般的猪却长着角，发出的声音如同人号啕大哭，名叫蛩蚳，吃了它的肉，人就不会做噩梦。

再往西一百二十里，是荍山。荍水从这座山发源，然后向北流入伊水。山上盛产金属矿物和玉石，山下盛产石青和雄黄。山中有一种树木，长得像棠梨树而叶子是红色的，名叫芒草，能够毒死鱼。

再往西一百五十里，是独苏山。这里没有花草树木，到处是水流。

再往西二百里，是蔓渠山。山上有丰富的金属矿物和玉石，山下到处是小竹丛。伊水从这座山发源，然后向东流入洛水。山中有一种野兽，名叫马腹，长着人一样的面孔和虎一样的身子，发出的声音如同婴儿啼哭，能吃人。

总计济山山系的首尾，自辉诸山起到蔓渠山止，一共九座山，绵延一千六百七十里。诸山山神都长着人的面孔和鸟的身子。祭祀山神要用毛物作祭品，再准备一块吉玉，把这些投向山谷，而不用米祀神。

中山经 3

中央第三列山系萯山山系的首座山，叫做敖岸山。山南面多出产琈珸玉，山北面多出产赭石和黄金。天神熏池住在这里。这座山还常常生出美玉来。从山上向北可以望见奔腾的黄河和葱郁的丛林，从外形看，这片丛林好像以茜草和榉柳为主。山中有一种野兽，外形像一般的白鹿却长着四只角，名叫夫诸，在哪里出现，哪里就会发生水灾。

再往东十里，是青要山，是天帝隐秘的都邑。从青要山上向北可以望见黄河的弯曲处，那里有许多野鹅；从青要山向南可以望见墠渚，是大禹的父亲鲧变为黄熊的地方，那里有很多蜗牛和蒲卢。山神武罗掌管着这座山。这位山神长着人的面孔，浑身长满豹子一样的斑纹，有着细小的腰身和洁白的牙齿，而且耳朵上穿挂着金银环，发出的声音像玉石碰击作响。这座山适宜女子居住。畛水从这座山发源，然后向北流入黄河。山中有一种禽鸟，名叫䳃鸟，外形像野鸭子，却长着青色的身子、浅红色的眼睛和深红色的尾巴，吃了它的肉就能使人多生孩子。山中生长着一种草，长得像葌草，却有着四方形的茎干，开黄色的花朵，结红色的果实，根部像藁本的根，名叫荀草，服用它就能使人的肤色洁白漂亮。

再往东十里，是騩山。山上盛产味道甜美的枣子，山北阴面还盛产琈珸玉。正回水从这座山发源，然后向北流入黄河。水中生长着许多飞鱼，外形像小猪却浑身是红色斑纹，吃了它的肉就能使人不怕打雷，还可以防御兵灾。

再往东四十里，是宜苏山。山上有丰富的金属矿物和玉石，山下有繁茂的蔓草。滽滽水从这座山流出，然后向北流入黄河，水中有很多黄色的贝。

再往东二十里，是和山。山上不生长花草树木，到处是瑶、碧一类的美玉。这里是黄河中的九条支流所汇聚的地方。这座山盘旋回转了五层，有九条水从这里发源，然后汇合起来向北流入黄河，水中有很多苍玉。吉神泰逢主管这座山，他的形貌像人却长着虎一样的尾巴，喜欢住在萯山向阳的南面，出入时都有闪光，能兴起风云。

总计萯山山系的首尾，自敖岸山起到和山止，一共五座山，绵延四百四十里。祭祀泰逢、熏池、武罗三位山神，都是把一只公羊劈开来祭祀，祀神的玉器要用吉玉；祭祀其余两位山神，是用一只公鸡献祭后埋入地下。祀神的米都用稻米。

中山经 4

中央第四列山系釐山山系的首座山，叫做鹿蹄山。山上盛产玉，山下盛产金。甘水从这座山发源，然后向北流入洛水，水中有很多柔软如泥的石头。

往西五十里，是扶猪山。山上到处是如冰一样透明白亮的礝石。山中有一种野兽，外形像貉却长着人的眼睛。虢水从这座山发源，然后向北流入洛水，水中有很多红色的礝石。

再往西一百二十里，是釐山。山南面有很多玉石，山北面有茂密的茜草。山中有一种野兽，外形像一般的牛，但全身青黑色，发出的声音如同婴儿啼哭，能吃人，名叫犀渠。滽滽水从这座山发源，然后向南流入伊水。这里还有一种野兽，外形像发怒的狗却全身有鳞甲，长在鳞甲间的毛像猪鬃一样。

再往西二百里，是箕尾山。这里有茂密的构树，盛产如泥一样柔软的涂石，山上还有许多琈玉。

再往西二百五十里，是柄山。山上盛产玉，山下盛产铜。滔雕水从这座山发源，然后向北流入洛水。山中有许多羬羊。山中还有一种树木，长得像臭椿树，叶子像梧桐叶，能结出带荚的果实，名叫茇，能毒死鱼。

再往西二百里，是白边山。山上有丰富的金属矿物和玉石，山下盛产石青和雄黄。

再往西二百里，是熊耳山。山上是茂密的漆树，山下是茂密的棕树。浮濠水从这座山发源，然后向西流入洛水。水中有很多水晶石，还有很多人鱼。山中有一种草，长得像苏草，开红花，名叫葶苧，能毒死鱼。

再往西三百里，是牡山。山上到处是色彩斑斓的漂亮石头，山下到处是竹箭之类的竹丛。山中的野兽以㸲牛、羬羊居多，而禽鸟以赤鷩居多。

再往西三百五十里，是讙举山。雒水从这座山发源，然后向东北流入玄扈水。玄扈山中生有很多马腹这样的怪物。在讙举山与玄扈山之间，夹着一条洛水。

总计釐山山系的首尾，自鹿蹄山起到玄扈山止，一共九座山，绵延一千六百七十里。诸山山神都长着人的面孔和兽的身子。祭祀山神时，在毛物中用一只白色鸡献祭，祀神不用米，用彩色帛把鸡包裹起来。

中山经 5

中央第五列山系薄山山系的首座山，叫做苟林山。这里不生长花草树木，到处是奇形怪状的石头。

往东三百里，是首山。山北面有茂密的构树和柞树，这里的草以山蓟和芫华居多。山南面盛产琈㻬玉，这里的树木以槐树居多。这座山的北面有一峡谷，叫做机谷。峡谷里有许多怪鸟，外形像猫头鹰却长着三只眼睛，发出的声音如同鹿鸣，人吃了它的肉就会治好因低洼潮湿而引发的疾病。

再往东三百里，是县𡹔山。这里没有花草树木，到处是色彩斑斓的漂亮石头。

再往东三百里，是葱聋山。这里没有花草树木，到处是䃋石（比玉石次一等的石头）。

往东北五百里，是条谷山。这里的树木大多是槐树和桐树，而草大多是可以作药用的芍药和门冬草。

再往北十里，是超山。山北面到处是苍玉，山南面有一眼水泉，冬天有水而到夏天就干枯了。

再往东五百里，是成侯山。山上长着茂密的櫄树（这种树与高大的臭椿树相似，树干可以作车辕）。这里的草以一种可作药用的秦芁居多。

再往东五百里，是朝歌山。山谷里多出产优质垩土。

再往东五百里，是槐山。山谷里有丰富的金和锡。

再往东十里，是历山。这里的树大多是槐树，山南面多出产玉石。

再往东十里，是尸山。这里到处是苍玉，这里的野兽以鹿居多。尸水从这座山发源，向南流入洛水，水中有很多优良玉石。

再往东十里，是良馀山。山上有茂密的构树和柞树，没有石头。馀水从良馀山北麓流出，然后向北流入黄河；乳水从良馀山南麓流出，然后向东南流入洛水。

再往东南十里，是蛊尾山。这里盛产粗磨石和赤铜。龙馀水从这座山发源，然后向东南流入洛水。

再往东北二十里，是升山。这里的树以构树、柞树和酸枣树居多，而草以山药（它的块茎不仅可以食用，并且可作药用）、蕙草（一种香草）居多，还有茂密的寇脱草。黄酸水从这座山发源，然后向北流入黄河，水中有很多璇玉（质料和成色比玉差一点的玉石）。

再往东二十里，是阳虚山。这座山临近玄扈水。山上盛产金。

总计薄山山系的首尾，自苟林山起到阳虚山止，一共十六座山，绵延二千九百八十二里。升山，是诸山的宗主。祭祀升山山神时，在毛物中用猪、牛、羊齐全的三牲作祭品，祀神的玉器要用吉玉。首山，是神灵显应的大山。祭祀首山山神时：要准备稻米，整只黑色皮毛的猪、牛、羊以及美酒；并手持盾牌庄严隆重地起舞，同时摆上鼓敲击应和；祀神的玉器用一块玉璧。尸水，是上通到天的。要用肥壮的牲畜作祭品献祭：用一只黑狗作祭品供在上面，用一只母鸡作祭品供在下面，杀一只母羊，献上血；祀神的玉器要用吉玉，并用彩色帛包装祭品，请神享用。

中山经 6

中央第六列山系缟羝山山系的首座山，叫做平逢山。从平逢山上向南可以望见伊水和洛水，向东可以望见谷城山。

这座山不生长花草树木，也没有水，到处是沙子和石头。山中有一位山神，形貌像人却长着两个脑袋，叫做骄虫，是所有身上长有毒刺且能伤人的昆虫的首领，也是各种蜜蜂聚集做巢的地方。祭祀这位山神，要用一只公鸡作祭品，在祈祷神灵以求消除灾害后放掉而不能杀掉。

往西十里，是缟羝山。这里没有花草树木，而有丰富的金属矿物和玉石。

再往西十里，是廆山。山上盛产㻬琈玉。在这座山的西面有一道峡谷，叫做藿谷。这里的树木大多是柳树和构树。山中有一种禽鸟，外形像野鸡却拖着一条长长的尾巴，身上通红如火却长着青色嘴巴，名叫鸰鹎，它发出的叫声便是自身名称的读音，吃了它的肉就能使人不做噩梦。交觞水从这座山的南麓流出，然后向南流入洛水；俞随水从这座山的北麓流出，然后向北流入谷水。

再往西三十里，是瞻诸山。山南面盛产金属矿物，山北面盛产带有花纹的漂亮石头。从这座山发源的谢水，向东南流入洛水；少水从这座山的北麓流出，然后向东流入谷水。

再往西三十里，是娄涿山。这里没有花草树木，有丰富的金属矿物和玉石。瞻水从这座山的南麓流出，然后向东流入洛水；陂水从这座山的北麓流出，然后向北流入谷水，水中有很多紫颜色的石头和带有花纹的漂亮石头。

再往西四十里,是白石山。惠水从白石山的南麓流出,然后向南流入洛水,水中有很多水晶石。涧水从白石山的北麓流出,向西北流入谷水,水中有很多画眉石和丹砂。

再往西五十里,是谷山。山上是茂密的构树,山下是茂密的桑树。爽水从这座山发源,然后向西北流入谷水,水中有很多色彩艳丽、可以制作装饰品和绿色涂料的孔雀石。

再往西七十二里,是密山。山南面盛产玉,山北面盛产铁。豪水从这座山发源,然后向南流入洛水。水中有很多旋龟,长着像鸟一样的头和鳖一样的尾巴,发出的声音好像劈木头声。这座山不生长花草树木。

再往西一百里,是长石山。这里没有花草树木,有丰富的金属矿物和玉石。这座山的西面有一道峡谷,叫做共谷,生长着许多竹子。共水从这座山发源,向西南流入洛水。水中多产一种青色玉石,撞击后发出巨大鸣响,七八里以外都能听到,属于能制作乐器的磬石之类。

再往西一百四十里,是傅山。这里没有花草树木,到处是瑶、碧之类的美玉。厌染水从这座山的南麓流出,然后向南流入洛水,水中有很多人鱼。这座山的西面有一片树林,叫做墦冢。谷水从这里流出,然后向东流入洛水,水中有很多珚玉。

再往西五十里,是橐山。山中的树木大多是臭椿树,还有很多杂树,七、八月间吐穗,穗成熟后,像有盐粉沾在上面。山南面有丰富的金属矿物和玉石,山北面有丰富的铁,还有茂密的萧草。橐水从这座山发源,然后向北流入黄河。

水中有很多修辟鱼，外形像一般的蛙却长着白色嘴巴，发出的声音如同鹞鹰鸣叫，人吃了它的肉就能治愈白癣。

再往西九十里，是常烝山。这里没有花草树木，有多种颜色的垩土。潐水从这座山发源，然后向东北流入黄河，水中有很多苍玉；菑水也从这座山发源，然后向北流入黄河。

再往西九十里，是夸父山。山中的树木以棕树和楠树居多，还有茂盛的小竹丛。山中的野兽以柞牛、羬羊居多，而禽鸟以锦鸡居多。山南面盛产玉，山北面盛产铁。这座山北面有一片树林，叫做桃林。这片树林方圆三百里，林子里有很多马。湖水从这座山发源，然后向北流入黄河，水中多出产珚玉。

再往西九十里，是阳华山。山南面有丰富的金属矿物和玉石，山北面盛产石青和雄黄。山中的草以山药居多，还有茂密的苦辛草，长得像楸树（落叶乔木，树形高大，树干端直，夏季开花，籽实可作药用，主治热毒及各种疮疥），结的果实像瓜，味道是酸中带甜，人服食它就能治愈疟疾。杨水从这座山发源，然后向西南流入洛水，水中有很多人鱼；门水也从这座山发源，然后向东北流入黄河，水中有很多黑色磨石；緖姑水从阳华山北麓流出，然后向东流入门水。緖姑水两岸的山间有丰富的铜。

总计缟羝山山系的首尾，自平逢山起到阳华山止，一共十四座山，绵延七百九十里。有高大的山岳在这一山系中。每年六月祭祀它，一如祭祀其他山岳的方法，那么天下就会安宁。

中山经 7

　　中央第七列山系苦山山系的首座山，叫做休与山。山上有一种石子，是神仙帝台的棋子，它们有五种颜色并带着斑纹，外形与鹌鹑蛋相似。神仙帝台的石子，是用来祷祀百神的，人佩带上它就能不受邪毒之害。休与山还有一种草，外形像一般的蓍草，叶子是红色的，而根茎丛生在一起，名叫夙条，可以用来做箭杆。

　　往东三百里，是鼓钟山。神仙帝台正是在此演奏钟鼓之乐和宴请诸位天神的。山中有一种草，方形的茎干上开着黄色花朵，圆形的叶子重叠为三层，名叫焉酸，可以用来解毒。山上多出产粗磨石，山下多出产细磨石。

　　再往东二百里，是姑媱山。天帝的女儿就死在这座山上，她的名字叫女尸，死后化成了仙草，叶子都是一层一层的，花儿是黄色的，果实与菟丝子的果实相似，女子服用了就能使她漂亮而讨人喜爱。

　　再往东二十里，是苦山。山中有一种野兽，名叫山膏，外形像普通的小猪，身上红得如同丹火，喜欢骂人。山上有一种树木，名叫黄棘，开黄色花，长着圆叶子，果实与兰草的果实相似，女人服用了它就不能生育孩子。山中又有一种草，长着圆圆的叶子而没有茎干，开红色花却不结果实，名叫无条，服用了它就能使人的脖子不生肉瘤。

　　再往东二十七里，是堵山。神人天愚住在这里，所以这座山上时常刮起怪风、下起怪雨。山上生长着一种树木，名叫天楄，长得像葵菜一样，却有着方方的茎干，服用了它，人吃饭就不会噎住。

再往东五十二里，是放皋山。明水从这座山发源，向南流入伊水，水中有很多苍玉。山中有一种树木，叶子与槐树叶相似，开黄色花却不结果实，名叫蒙木，服用了它就能使人不糊涂。山中有一种野兽，外形像蜜蜂，却长着分叉的尾巴和倒转的舌头，喜欢呼叫，名叫文文。

再往东五十七里，是大苦山。这里盛产㻬琈玉，还有许多麋玉。山中有一种草，叶子与榆树叶相似，方方的茎干上长满青色的刺，名叫牛伤，根茎上有青色斑纹，服用了它就能使人不得昏厥病，还能防御兵灾。狂水从这座山的南麓流出，向西南流入伊水。水中有很多长着三只脚的龟，吃了它的肉就能使人不生大病，还能消除痈肿。

再往东七十里，是半石山。山上长着一种草，一出土就抽穗吐花，高一丈多，红色叶子红色花，开花后不结籽实，名叫嘉荣，服用它就能使人不畏惧霹雳雷响。来需水从半石山南麓流出，然后向西流入伊水。水中生长着很多怪鱼，浑身长满黑色斑纹，外形像普通的鲫鱼，人吃了它的肉就能不感觉瞌睡。合水从半石山北麓流出，然后向北流入洛水。水中生长着很多体形粗壮的䲠鱼，外形像一般的鳜鱼，隐居水底洞穴，浑身青色斑纹却拖着一条红尾巴，人吃了它的肉就能不患痈肿病，还可以治好颈肿大。

再往东五十里，是少室山。各种花草树木丛集在这里，远看去像圆的谷仓。山上有一种树木，名叫帝休，叶子的外形与杨树叶相似，树枝相互交叉着伸向四方，开黄花，结黑色果实，服用了它就能使人心平气和不恼怒。少室山上有丰富的玉石，山下有丰富的铁。休水从这座山发源，然后向北流入洛水。水中有很多怪鱼，外形像猕猴，却有长长的、像公鸡一样的爪子，白白的脚趾相对着，人吃了它的肉就不会得疑心病，还能防御兵灾。

再往东三十里，是泰室山。山上有一种树木，叶子像梨树叶却有红色纹理，名叫栯木，人服用了它就没了嫉妒心。山中还有一种草，长得像苍术或白术，开白色花，结黑色果实，果实的光泽就像野葡萄，服用了它就能使人的眼睛明亮不昏花。山上还有很多漂亮的石头。

再往北三十里，是讲山。山上盛产玉石，有很多柘树和柏树。山中有一种树木，名叫帝屋，叶子与花椒叶相似，长着倒钩刺而结红色果实，可以避凶邪之气。

再往北三十里，是婴梁山。山上盛产苍玉，而苍玉都附着在黑色石头上面。

再往东三十里，是浮戏山。山中生长着一种树木，叶子与臭椿树叶相似而结红色果实，名叫亢木，人吃了它可以驱虫避邪。汜水从这座山发源，然后向北流入黄河。在浮戏山的东面有一道峡谷，因峡谷里有很多蛇而取名叫蛇谷，峡谷上面还多产细辛（一种药草）。

再往东四十里，是少陉山。山中有一种草，叶子与葵菜叶相似，却有着红色的茎干，开白色的花，果实很像野葡萄，服食了它就能使人增长智能而不笨拙。器难水从这座山发源，然后向北流入役水。

再往东南十里，是太山。山里有一种草，名叫梨，叶子像蒿草叶，开红色花，可以用来治疗痈疽。太水从这座山的南麓流出，然后向东南流入役水；承水从这座山的北麓流出，然后向东北流入役水。

再往东二十里，是末山。山上到处是黄金。末水从这座山发源，向北流入役水。

再往东二十五里，是役山。山上有丰富的白银，还有丰富的铁。役水从这座山发源，向北流入黄河。

再往东三十五里，是敏山。山上生长着一种树木，长得与牡荆相似，开白色花朵，结红色果实，名叫葪柏，吃了它的果实就能使人不怕寒冷。敏山南面还盛产珢珛玉。

再往东三十里，是大騩山。山北面有丰富的铁、优质玉石和青色垩土。山中有一种草，长得像蓍草却有绒毛，开青色花，结白色果实，人服食了它就能延年益寿，还可以医治肠胃上的各种疾病。

总计苦山山系的首尾，自休与山起到大騩山止，一共十九座山，绵延一千一百八十四里。其中有十六座山的山神都长着猪的身子和人的面孔。祭祀这些山神时，在毛物中用一只纯色的羊献祭，祀神的玉器是一块带有彩色纹理的藻玉，在祭祀后埋入地下。苦山、少室山、太室山都是诸山的宗主。祭祀这三座山的山神时，在毛物中用猪、牛、羊齐全的三牲作祭品，在祀神的玉器中用吉玉。这三个山神都长着人的面孔却有三个脑袋。另外那十六座山的山神都长着猪的身子和人的面孔。

中山经 8

中央第八列山系荆山山系的首座山，叫做景山。山上有丰富的金属矿物和玉石，这里的树木以柞树和檀树居多。睢水从这座山发源，向东南流入江水。水中有很多米粒大小的丹砂，还生长着许多有彩色斑纹的鱼。

往东北一百里，是荆山。山北面有丰富的铁，山南面有丰富的黄金。山中生长着许多毛皮纯黑的犛牛，还有众多的豹子和老虎。这里的树木以松树和柏树居多，这里的花草以丛生的小竹子居多，还有许多的橘子树和柚子树。漳水从这座山发源，然后向东南流入睢水。水中盛产黄金，并生长着很多体型大、性凶猛、能吃人的鲨鱼。山中的野兽以山驴和麋鹿居多。

再往东北一百五十里，是骄山。山上有丰富的玉石，山下有丰富的青䨼。这里的树木以松树和柏树居多，到处是桃枝和钩端一类的丛生小竹子。神仙䖹围居住在这座山中，形貌像人，却长着羊一样的角和虎一样的爪子，常常在睢水和漳水的深渊里畅游，出入时都有闪光。

再往东北一百二十里，是女几山。山上盛产玉石，山下盛产黄金。山中的野兽以豹子和老虎居多，还有许许多多的山驴、麋鹿、麢、麈，这里的禽鸟以一种像野鸡而尾巴较长的白鷮居多，还有很多的长尾巴野鸡和鸩鸟。

再往东北二百里，是宜诸山。山上多出产金属矿物和玉石，山下多出产青䨼。洈水从这座山发源，然后向南流入漳水，水中有很多白色玉石。

再往东北三百五十里，是纶山。山中茂密的丛林以梓树、楠树居多，又有很多丛生的桃枝竹，还有许多柤树、栗子树、橘子树和柚子树。这里的野兽多是山驴、麈、羚羊和外形与兔子相似、却长着鹿脚、皮毛是青色的㺎。

再往东北二百里，是陆鄗山。山上盛产㻬琈玉，山下盛产各种颜色的垩土。这里的树木以杻树和橿树居多。

再往东一百三十里，是光山。山上到处有碧玉，山下到处是流水。神仙计蒙居住在这座山里。他长着人的身子和龙的头，常常在漳水的深渊里畅游，出入时一定有旋风急雨相伴随。

再往东一百五十里，是岐山。山南面多出产黄金，山北面多出产白色珉石（一种似玉的美石），山上有丰富的金属矿物和玉石，山下有丰富的青雘。这里的树木以臭椿树居多。神仙涉蠱就住在这座山里。他长着人的身子、方形面孔和三只脚。

再往东一百三十里，是铜山。山上有丰富的金、银、铁。这里的树木以构树、柞树、柤树、栗子树、橘子树、柚子树居多，而野兽多是长着豹子斑纹的豸。

再往东北一百里，是美山。山中的野兽以兕、野牛居多，又有很多山驴、麈，还有许多野猪和鹿。山上多出产金，山下多出产青雘。

再往东北一百里，是大尧山。山里的树木以松树和柏树居多，又有众多的梓树和桑树，还有许多机木（就是桤木，一种落叶乔木，木材坚韧，生长很快，容易成林）。这里的草大多是丛生的小竹子。野兽以豹子、老虎、羚羊和㺎居多。

再往东北三百里，是灵山。山上有丰富的金属矿物和玉石，山下盛产青雘。这里的树木大多是桃树、李树、梅树和杏树。

再往东北七十里，是龙山。山上到处是寄寓在其他树木上生长的寄生树，还盛产碧玉，山下则有丰富的红色锡土。这里的草大多是桃枝、钩端之类的小竹丛。

再往东南五十里，是衡山。山上有许多寄生树、构树和柞树，还盛产黄色垩土和白色垩土。

再往东南七十里，是石山。山上多出产金，山下有丰富的青䨼，还有许多寄生树。

再往南一百二十里，是若山。山上多出产瑍琈玉和赭石，也有很多可作药用的矿物封石，还到处长着寄生树和柘树。

再往东南一百二十里，是彘山。山中有很多漂亮的石头，到处生长着柘树。

再往东南一百五十里，是玉山。山上有丰富的金属矿物和玉石，山下有丰富的碧玉和铁。这里的树木以柏树居多。

再往东南七十里，是灌山。这里的树木大多是檀树，还盛产封石，又多出产白色锡土。郁水从这座山顶上发源，潜流到山下，水中有很多磨石。

再往东北一百五十里，是仁举山。这里的树木以构树和柞树居多。山南面有丰富的黄金，山北面多出产赭石。

再往东五十里，是师每山。山南面多出产磨石，山北面多出产青䨼。山中的树木以柏树居多，又有很多檀树和柘树，而草大多是丛生的小竹子。

再往东南二百里，是琴鼓山。这里的树木大多是构树、柞树、椒树（这种椒树矮小而丛生，如果在它下面有草木生长就会被刺死）和柘树。山上多出产白色珉石，山下多出产洗石。这里的野兽以野猪和鹿居多，还有许多白色犀牛，而禽鸟大多是鸠鸟。

总计荆山山系的首尾，自景山起到琴鼓山止，一共二十三座山，绵延二千八百九十里。诸山山神都长着鸟的身子和人的面孔。祭祀山神时，在毛物中用一只公鸡祭祀后埋入地下，并用一块藻圭献祭，祀神的米用稻米。骄山是诸山之宗主。祭祀骄山山神时，需进献美酒和猪羊，而后埋入地下，祀神的玉器是一块玉璧。

中山经 9

中央第九列山系岷山山系的首座山，叫做女几山。山上多出产一种可做黑色染料的矿物——石涅。这里的树木以杻树、橿树居多，而花草以野菊、苍术和白术居多。洛水从这座山发源，向东流入长江。山里到处有雄黄，而野兽以老虎和豹子居多。

再往东北三百里，是岷山。长江从岷山发源，向东北流入大海。水中生长着许多优良的龟，还有许多扬子鳄。山上有丰富的金属矿物和玉石，山下盛产白色珉石。山中的树木以梅树和海棠树居多，而野兽以犀牛和大象居多，还有很多重达几千斤的夔牛，这里的禽鸟大多是白翰鸟和锦鸡。

再往东北一百四十里，是崃山。江水从这座山发源，向东流入长江。山南面盛产黄金，山北面到处是麋鹿和麈。这里的树木大多是檀树和柘树，而花草大多是野薤菜和野韭菜，还有许多白芷和寇脱等香草。

再往东一百五十里，是崌山。江水从这座山发源，向东流入长江。水中生长着许多钩蛇，这种蛇长达几丈，尾巴分叉，常在水中钩取岸上的人、牛或马而吞食掉。水中还有很多鳖鱼。这里的树木以楢树和杻树居多，还有很多梅树与梓树，而野兽以夔牛、羚羊、臭、犀牛、兕居多。山中有一种禽鸟，外形像一般的猫头鹰，却长着红色的身子和白色的脑袋，名叫窃脂，人饲养它可以避火。

再往东三百里，是高梁山。山上盛产垩土，山下盛产磨刀石。这里的草木大多是桃枝竹和钩端竹。山中还生长着一种草，长得像葵菜，却开红色的花，结带荚的果实，有着白色的花萼，马吃了它就能跑得飞快。

再往东四百里，是蛇山。山上多出产黄金，山下多出产垩土。这里的树木以栒树居多，还有许多豫樟树，而花草以嘉荣、细辛居多。山中有一种野兽，外形像一般的狐狸，却长着白尾巴和长耳朵，名叫狼，在哪个国家出现，哪个国家就会有战争发生。

再往东五百里，是鬲山。山南面盛产金，山北面盛产白色珉石。蒲鸏水从这座山发源，然后向东流入长江，水中有很多白色玉石。山中的野兽以犀牛、大象、熊、罴居多，还有许多猿猴。

再往东北三百里，是隅阳山。山上有丰富的金属矿物和玉石，山下有丰富的青䨼。这里的树木大多是梓树和桑树，而草大多是紫草。徐水从这座山发源，向东流入长江，水中有许多粟粒大小的丹砂。

再往东二百五十里，是岐山。山上有丰富的白银，山下有丰富的铁。这里的树木以梅树和梓树居多，还有许多杻树和楢树。减水从这座山发源，向东南流入长江。

再往东三百里，是勾檷山。山上盛产玉石，山下盛产黄金。这里的树木大多是栎树和柘树，而花草大多是芍药。

再往东一百五十里，是风雨山。山上多出产白银，山下多出产石涅。这里的树木以椒树和椤树居多，杨树也不少。宣余水从这座山发源，向东流入长江，水中有很多水蛇。山里的野兽以山驴和麋鹿居多，还有许多的麈、豹子和老虎，而禽鸟大多是白鷮。

再往东北二百里，是玉山。山南面多出产铜，山北面多出产黄金。这里的树木以豫樟树、楢树、杻树居多，而野兽以野猪、鹿、羚羊和臭居多，禽鸟大多是鸩鸟。

再往东一百五十里，是熊山。山中有一洞穴，是熊的巢穴，也时常有神人出入。洞穴一般是夏季开启而冬季关闭；如果冬季开启，就一定会发生战争。山上多出产白色玉石，山下多出产白银。山里的树木以臭椿树和柳树居多，而花草以寇脱草最多见。

再往东一百四十里，是騩山。山南面盛产美玉和黄金，山北面盛产铁。这里的草木以桃枝竹、牡荆树和枸杞树居多。

再往东二百里，是葛山。山上多出产黄金，山下多出产一种比玉差一等的美石——珹石。这里的树木以柤树、栗子树、橘子树、柚子树、楢树和杻树居多，而野兽以羚羊和臭居多，花草大多是嘉荣。

再往东一百七十里，是贾超山。山南面多出产黄色垩土,山北面多出产精美赭石。这里的树木大多是柤树、栗子树、橘子树和柚子树,山中的草以龙须草居多。

总计岷山山系的首尾,自女几山起到贾超山止,一共十六座山,绵延三千五百里。诸山山神都长着马的身子和龙的脑袋。祭祀山神时,在毛物中用一只公鸡作祭品埋入地下,祀神的米用稻米。文山、勾檷山、风雨山、騩山,是诸山的宗主。祭祀这几座山的山神时,需进献美酒,用猪、羊作祭品,祀神的玉器是一块吉玉。熊山,是诸山的首领。祭祀这位山神时,需进献美酒,用猪、牛、羊齐全的三牲作祭品,祀神的玉器是一块玉璧。手拿盾牌舞蹈,是为了消除战争灾祸;穿戴礼服并手持美玉而舞蹈,则是为了祈求幸福与吉祥。

中山经 10

中央第十列山系的首座山,叫做首阳山。山上有丰富的金属矿物和玉石,却没有花草树木。

再往西五十里,是虎尾山。这里的树木以花椒和椐树(也叫灵寿木)居多。山中到处是封石。山南面有丰富的黄金,山北面有丰富的铁。

再往西南五十里,是繁缋山。这里的树木大多是楢树和杻树,而草大多是桃枝、钩端之类的小竹丛。

再往西南二十里,是勇石山。这里不生长花草树木,有丰富的白银,到处是流水。

再往西二十里,是复州山。这里的树木以檀树居多。山南面有丰富的黄金。山中有一种禽鸟,外形像一般的猫头鹰，却长着一只爪子和猪一样的尾巴，名叫跂踵，在哪个国家出现，哪个国家就会发生大瘟疫。

再往西三十里，是楮山。这里生长着茂密的寄生树，到处是花椒和椐树，柘树也不少，还有大量的垩土。

再往西二十里，是又原山。山南面有丰富的青䧹，山北面有丰富的铁。这里的禽鸟以八哥居多。

再往西五十里，是涿山。这里的树木以构树、柞树、杻树居多。山南面多产䃠㻬玉。

再往西七十里，是丙山。这里的树木大多是梓树和檀树，还有很多欤杻树（杻树的树干都是弯曲的，而欤杻树的树干长得比较直，不同于一般的杻树）。

总计首阳山山系的首尾，自首阳山起到丙山止，一共九座山，绵延二百六十七里。诸山山神都长着龙的身子和人的面孔。祭祀山神时，在毛物中用一只公鸡献祭后埋入地下，祀神的米用五种粮米。楮山，是诸山的宗主。祭祀这位山神时，需用猪、羊二牲作祭品，并进献美酒来祭祀，在玉器中选用一块玉璧，祀神后埋入地下。騩山，是诸山的首领。祭祀騩山山神，要进献美酒，用猪、牛、羊齐全的三牲作祭品，并让女巫师和男祝师二人一起跳舞，再在玉器中选用一块玉璧来祭祀。

中山经 11

中央第十一列山系荆山山系的首座山，叫做翼望山。湍水从这座山发源，向东流入济水；贶水也从这座山发源，向东南流入汉水，水中有很多蛟龙。山上到处是松树和柏树，山下有茂密的漆树和梓树。山南面多出产黄金，山北面多出产珉石。

再往东北一百五十里，是朝歌山。潕水从这座山发源，向东南流入荥水，水中生长着很多人鱼。山上有茂密的梓树和楠树，这里的野兽以羚羊和麋鹿居多。山中有一种草，名叫莽草，能够毒死鱼。

再往东南二百里，是帝囷山。山南面有丰富的瑶琈玉，山北面有丰富的铁。帝囷水从这座山顶上发源，潜流到山下，水中有很多长着四只翅膀的鸣蛇。

再往东南五十里，是视山。山上到处是野韭菜。山中有一口井，叫做天井，夏天有水，冬天枯竭。山上有茂密的桑树，还有丰富的优良垩土、金属矿物和玉石。

再往东南二百里，是前山。这里的树木以楮树（结的果实如同橡树的果实，可以吃，木质耐腐蚀，常用来制作房屋的柱子）居多，还有不少的柏树。山南面盛产金，山北面盛产赭石。

再往东南三百里，是丰山。山中有一种野兽，外形像猿猴，却长着红眼睛、红嘴巴、黄身子，名叫雍和，在哪个国家出现，哪个国家就会发生大恐慌。神仙耕父住在这座山里，常常在清泠渊畅游，出入时都有闪光，在哪个国家出现，哪个国家就要衰败。这座山还有九口钟，它们都应和霜的降落而鸣响。山上有丰富的金，山下有茂密的构树、柞树、杻树和橿树。

再往东北八百里，是兔床山。山南面有丰富的铁。山里的树木以楮树和栎树居多，而花草以鸡谷草居多，它的根茎像鸡蛋似的，味道是酸中带甜，服食它是对人的身体有益的。

再往东六十里，是皮山。这里有大量的垩土和赭石。这里的树木大多是松树和柏树。

再往东六十里，是瑶碧山。这里的树木以梓树和楠树居多。山北面盛产青䨼，山南面盛产白银。山中有一种禽鸟，长得像一般的野鸡，常吃一种有害的小飞虫蛰，名叫鸩。

再往东四十里，是攻离山。㴅水从这座山发源，向南流入汉水。山中有一种禽鸟，名叫婴勺，外形像普通的喜鹊，却长着红眼睛、红嘴巴、白色的身子，尾巴与酒勺的外形相似，它发出的叫声便是自身名称的读音。这座山中还有很多㸲牛和羬羊。

再往东北五十里，是袟筒山。山上有茂密的松树、柏树、桤树和桓树（树叶像柳叶，树皮是黄白色；古人说它又叫无患子，可用于洗涤衣服，除去污垢）。

再往西北一百里，是堇理山。山上有茂密的松树和柏树，还有很多优良的梓树。山北面多出产青䨼，并且有丰富的金。这里的野兽以豹子和老虎居多。山中有一种禽鸟，外形像一般的喜鹊，却长着青色的身子、白色的嘴巴、白色的眼睛和白色的尾巴，名叫青耕，人饲养它可以避瘟疫，它发出的叫声便是自身名称的读音。

再往东南三十里，是依轱山。山上有茂密的杻树和橿树，柤树也不少。山中有一种野兽，外形像普通的狗，却长着老虎一样的爪子，身上又有鳞甲，名叫獜，擅长跳跃腾扑，吃了它的肉就能使人不患风痹病。

再往东南三十五里，是即谷山。这里多出产优良玉石。山中有很多黑豹，还有不少的山驴和麈，羚羊和臭也很多。山南面盛产珉石，山北面盛产青䨼。

再往东南四十里，是鸡山。山上到处是优良梓树，还有茂密的桑树，而花草则以野韭菜居多。

再往东南五十里，是高前山。山上有一条溪水，非常冰凉，又特别清澈，是神仙帝台所用过的浆水，饮用了它就能使人不患心痛病。山上有丰富的金，山下有丰富的赭石。

再往东南三十里，是游戏山。这里有茂密的杻树、橿树和构树，还有丰富的玉石，封石也很多。

再往东南三十五里，是从山。山上到处是松树和柏树，山下有茂密的竹丛。从水由这座山顶上发源，潜流到山下。水中有很多三足鳖，长着叉开的尾巴，吃了它的肉就能使人不患疑心病。

再往东南三十里，是婴硙山。山上到处是松树和柏树，山下有茂密的梓树和椿树（又叫杻树，外形像臭椿树，树干可制作车辕）。

再往东南三十里，是毕山。帝苑水从这座山发源，向东北流入视水。水中多出产水晶石，还有很多蛟龙。山上有丰富的㻬琈玉。

再往东南二十里，是乐马山。山中有一种野兽，外形像一般的刺猬，全身赤红如丹火，名叫狼，在哪个国家出现，哪个国家就会发生大瘟疫。

再往东南二十五里，是葳山。视水从这座山发源，向东南流入汝水。水中有很多人鱼，又有很多蛟，还有很多颉

（一种长着青色皮毛而形态像狗的动物，可能就是今天所说的水獭）。

再往东四十里，是婴山。山下有丰富的青雘，山上有丰富的金属矿物和玉石。

再往东三十里，是虎首山。这里有茂密的柤树、椆树（一种耐寒冷而不凋落的树木）和椐树。

再往东二十里，是婴侯山。山上多出产封石，山下多出产红色锡土。

再往东五十里，是大孰山。杀水从这座山发源，向东北流入视水，沿岸到处是白色垩土。

再往东四十里，是卑山。山上有茂密的桃树、李树、柤树、梓树，还有很多紫藤树。

再往东三十里，是倚帝山。山上有丰富的玉石，山下有丰富的金。山中有一种野兽，外形像鼣鼠，长着白耳朵和白嘴巴，名叫狙如，在哪个国家出现，哪个国家就会发生大战争。

再往东三十里，是鲵山。鲵水从这座山顶上发源，潜流到山下。这里有很多优良垩土。山上有丰富的金，山下有丰富的青雘。

再往东三十里，是雅山。澧水从这座山发源，向东流入视水，水中有很多大鱼。山上有茂密的优良桑树，山下有茂密的柤树。这里还多出产黄金。

再往东五十里，是宣山。沦水从这座山发源，向东南流入视水。水中有很多蛟龙。山上有一种桑树，树干合抱有五十尺粗，树枝交叉伸向四方，树叶有一尺多长，红色的纹理，黄色的花朵，青色的花萼，名叫帝女桑。

再往东四十五里，是衡山。山上盛产青膑，还生长着茂密的桑树。这里的禽鸟以八哥居多。

再往东四十里，是丰山。山上多出产封石。这里的树木大多是桑树，还有大量的羊桃，长得像一般的桃树，却有着方方的茎干，可以用它医治人的皮肤肿胀。

再往东七十里，是妪山。山上盛产优良玉石，山下盛产金。这里的花草以鸡谷草最为繁盛。

再往东三十里，是鲜山。这里的树木以楢树、杻树和枏树居多，花草以蔷薇居多。山南阳面有丰富的金，山北面有丰富的铁。山中有一种野兽，外形像西膜之犬（这种狗的体形高大，长着浓密的毛，性情猛悍，力量很大），长着红嘴巴、红眼睛和白尾巴，在哪里出现，哪里就会有火灾，名叫狺即。

再往东三十里，是章山。山南面多出产金，山北面多出产漂亮的石头。皋水从这座山发源，向东流入澧水。水中有许多又轻又软而易断易碎的石头。

再往东二十五里，是大支山。山南阳面有丰富的金。这里的树木大多是构树和柞树，但不生长草。

再往东五十里，是区吴山。这里的树木以枏树最为繁盛。

再往东五十里，是声匈山。这里有茂密的构树，到处是玉石，山上还盛产封石。

再往东五十里，是大騩山。山南面多出产黄金，山北面多出产细磨石。

再往东十里，是踵臼山。这里不生长花草树木。

再往东北七十里，是历石山。这里的树木以牡荆和枸杞居多。山南面盛产黄金，山北面盛产细磨石。山中有一种野兽，外形像野猫，却长着白色的脑袋和老虎一样的爪子，名叫梁渠，在哪个国家出现，哪个国家就会发生大战争。

再往东南一百里，是求山。求水从这座山顶上发源，潜流到山下。这里有很多优良赭石。山中到处是柤树，还有矮小丛生的箭竹。山南面有丰富的金，山北面有丰富的铁。

再往东二百里，是丑阳山。山上有茂密的椆树和椐树。山中有一种禽鸟，外形像一般的乌鸦，却长着红色爪子，人饲养它可以避火。

再往东三百里，是奥山。山上有茂密的松树、杻树和檀树，山南阳面盛产㻬琈玉。奥水从这座山发源，向东流入视水。

再往东三十五里，是服山。这里的树木以柤树居多。山上有丰富的封石，山下多出产红色锡土。

再往东一百一十里，是杳山。山上到处是嘉荣草，还有丰富的金属矿物和玉石。

再往东三百五十里，是几山。这里的树木以楢树、檀树、杻树居多，而草类主要是各种香草。山中有一种野兽，外形像普通的猪，却长着黄色的身子、白色的脑袋和白色的尾巴，名叫闻獜，一出现天下就会刮起大风。

总计荆山山系的首尾，自翼望山起到几山止，一共四十八座山，绵延三千七百三十二里。诸山山神都长着猪的身子和人的头。祭祀山神时，在毛物中用一只公鸡来祭祀，然后埋入地下，在祀神的玉器中用一块玉珪献祭，祀神的米用黍、稷、稻、粱、麦五种粮米。禾山，是诸山的首领。祭祀禾山山神时，在毛物中用猪、牛、羊齐全的三牲作祭品，进献后将牲畜倒着埋入地下，在祀神的玉器中用一块玉璧献祭，但有时也不必三牲全备。堵山和玉山，是诸山的宗主。祭祀后都要将牲畜倒着埋掉，进献的祭品是猪和羊，祀神的玉器是一块吉玉。

中山经 12

中央第十二列山系洞庭山山系的首座山，是篇遇山。这里不生花草树木，蕴藏着丰富的黄金。

再往东南五十里，是云山。这里不生长花草树木，但有一种桂竹（竹子的一种，有四、五丈高，茎干合围有二尺粗，叶大节长，外形像甘竹而皮是红色），毒性特别大，人若被枝叶刺着就必死。山上盛产黄金，山下盛产琈㻬玉。

再往东南一百三十里，是龟山。这里的树木以构树、柞树、椆树和椐树最为繁盛。山上多出产黄金，山下多出产石青和雄黄。这里还有很多扶竹（即邛竹，节杆较长，中间实心，可以制作手杖，所以又叫扶老竹）。

再往东七十里，是丙山。这里有茂密的筀竹，还有丰富的黄金、铜和铁，但没有树木。

再往东南五十里，是风伯山。山上有丰富的金属矿物和玉石，山下盛产痠石以及色彩斑斓的漂亮石头，还盛产铁。这里的树木以柳树、杻树、檀树、构树居多。在风伯山东面有一片树林，叫做莽浮林，其中有许多优良树木和各种禽鸟野兽。

再往东一百五十里,是夫夫山。山上多出产黄金,山下多出产石青、雄黄。这里的树木以桑树、构树居多,而花草以竹子、鸡谷草最为繁盛。神仙于儿就住在这座山里。他长着人的身子,手握两条蛇,常常游玩于长江水的深渊中,出没时都有闪光。

再往东南一百二十里,是洞庭山。山上多出产黄金,山下多出产银和铁。这里的树木以柤树、梨树、橘子树、柚子树居多,而花草以菱草、蘪芜(一种香草,可以入药)、芍药、芎䓖等香草居多。天帝的两个女儿住在这座山里,她俩常在长江的深渊中游玩。从澧水和沅水吹来的清风,交汇在幽清的湘水渊潭上,这里正是九条江水汇合之处。她俩出入时都有旋风急雨相伴随。洞庭山中还住着很多怪神,长得像人而身上绕着蛇,左右两只手也握着蛇。这里还有许多怪鸟。

再往东南一百八十里,是暴山。在茂密的草木中以棕树、楠树、牡荆树、枸杞树和箭竹、䈽竹、䇠竹(一种小竹子,可以制作箭杆)等各种竹子居多。山上多出产黄金和玉石,山下多出产彩色花纹的漂亮石头和铁。这里的野兽以麋鹿、鹿、麂居多,这里的禽鸟大多是鹫鹰。

再往东南二百里,是即公山。山上多出产黄金,山下多出产㻬琈玉。这里的树木以柳树、柤树、檀树、桑树居多。山中生长着一种野兽,外形像一般的乌龟,却长着白身子和红脑袋,名叫蛫,人饲养它可以避火。

再往东南一百五十九里,是尧山。山北阴面多出产黄色垩土，山南阳面多出产黄金。这里的树木以牡荆树、枸杞树、柳树、檀树居多，而草以山药、苍术和白术最为繁盛。

再往东南一百里，是江浮山。山上盛产银和磨石。这里没有花草树木，而野兽以野猪和鹿居多。

再往东二百里，是真陵山。山上多出产黄金，山下多出产玉石。这里的树木以构树、柞树、柳树、杻树居多，而草大多是可以医治风痹病的荣草。

再往东南一百二十里，是阳帝山。这里到处是优质铜，树木大多是橿树、杻树、山桑树、楮树，而野兽以羚羊和麝香鹿居多。

再往南九十里，是柴桑山。山上盛产银，山下盛产碧玉。这里到处是柔软如泥的泠石和赭石。这里的树木以柳树、枸杞树、楮树、桑树居多，而野兽以麋鹿和鹿居多，还有许多白蛇和飞蛇。

再往东二百三十里，是荣余山。山上多出产铜，山下多出产银。这里的树木大多是柳树和枸杞树，还生长着很多怪蛇和怪虫。

总计洞庭山山系的首尾，自篇遇山起到荣余山止，一共十五座山，绵延二千八百里。诸山山神都长着鸟的身子和龙的脑袋。祭祀山神时，在毛物中宰杀一只公鸡和一头母猪作祭品，祀神的米用稻米。夫夫山、即公山、尧山、阳帝山，都是诸山的宗主。祭祀这几座山的山神，都要陈列牲畜、玉器，而后埋入地下，用美酒献祭，在毛物中用猪、羊二牲作祭品，在祀神的玉器中要用吉玉。洞庭山、荣余山，是神灵显应之山。祭祀这两位山神，都要陈列牲畜、玉器，而后埋入地下，用美酒及猪、牛、羊齐全的三牲献祭，祀神的玉器要用十五块玉圭和十五块玉璧，并用青、黄、赤、白、黑五样色彩绘饰它们。

以上是中央经历之山的记录，总共一百九十七座山，绵延二万一千三百七十一里。

总计天下名山共有五千三百七十座，分布在大地东西南北中各方，绵延六万四千零五十六里。

大禹说：天下的名山，共有五千三百七十座，绵延六万四千零五十六里，这些山分布在大地东西南北中各方。只把以上山记在《五臧山经》中，除此以外的小山太多，不值得记述。广阔的天地从东方到西方共二万八千里，从南方到北方共二万六千里，江河源头所在之山是八千里，江河流经之地是八千里，出产铜的山有四百六十七座，出产铁的山有三千六百九十座。这些是天下地上划分疆土、种植庄稼的根据，也是戈和矛产生的缘故，刀和铩兴起的根源，因而能干的人富裕有余，笨拙的人贫穷不足。国君在泰山上行祭天礼，在梁父山上行祭地礼，一共有七十二家。或得或失的运数，都在这个范围内，国家财用也可以说都是从这块大地取得的。

第七部分　山海经卷六　海外南经

海外南经

大地所负载的，包括上下四方之间的万物。在四海以内，有太阳和月亮照明，有大小星辰经过，又有春夏秋冬记季节，还有太岁（又叫岁星，即木星。木星在黄道带里每年经过一宫，约十二年运行一周天，古人用以纪年）正天时。大地上的一切都是神灵造化所生成，故万物各有不同的外形，有的夭折，而有的长寿，只有圣明之人才能懂得其中的道理。

海外从西南角到东南角的国家地区、山丘河川分别如下：

结胸国在西南面。那里的人都长着像鸡一样尖削凸出的胸脯。

南山在东南面。从这座山来的人，把虫叫做蛇，把蛇叫做鱼。也有一种说法认为南山在结胸国的东南面。

比翼鸟在东面。它长着青色、红色间杂的羽毛，只有两只鸟的翅膀配合起来才能飞翔。也有一种说法认为比翼鸟在南山的东面。

羽民国在东南面。那里的人都长着长长的脑袋，全身长满羽毛。另一种说法认为羽民国在比翼鸟的东南面，那里的人都长着长长的脸颊。有位叫二八的神人，手臂连在一起，在这旷野中为天帝守夜。这位神人在羽民国的东面，长着狭小的脸颊和赤红的肩膀，总共有十六个人。

毕方鸟在东面，青水的西面。这种鸟长着一副人的面孔，却只有一只脚。另一种说法认为毕方鸟在二八神人的东面。

讙头国在南面。那里的人都长着人的面孔，却有两只翅膀，还长着鸟嘴，能用他们的鸟嘴捕鱼。另一种说法认为讙头国在毕方鸟的东面。还有人认为讙头国就是讙朱国。

厌火国在南面。那里的人都长着野兽一样的身子而且是黑色的，火从他们的口中吐出。另一种说法认为厌火国在讙朱国的东面。

三珠树在厌火国的北面，生长在赤水岸

边。那里的树与普通的柏树相似，叶子都是珍珠。另一种说法认为那里的树长得像彗星的样子。

三苗国在赤水的东面。那里的人总是一个跟着一个地行走。另一种说法认为三苗国就是三毛国。

载国在东面。那里的人都是黄皮肤，能操持弓箭射死蛇。另一种说法认为盛国在三毛国的东面。

贯胸国在东面。那里的人胸膛上都有个洞。另一种说法认为贯胸国在载国的东面。

交胫国在东面。那里的人总是交叉着双腿双脚。另一种说法认为交胫国在穿胸国的东面。

不死民在东面。那里的人皮肤是黑色的，个个长寿，人人不死。另一种说法认为不死民在穿胸国的东面。

反舌国在东面。那里的人都是舌根在前、舌尖伸向喉部。另一种说法认为反舌国在不死民的东面。

昆仑山在东面。山基呈四方形。另一种说法认为昆仑山在反舌国的东面，山基向四方延伸。

羿与凿齿在寿华的荒野交战厮杀，羿射死了凿齿，地点就在昆仑山的东面。在那次交战中羿手拿弓箭，凿齿手拿盾牌。另一种说法认为凿齿拿的是戈。

三首国在东面。那里的人都长着一个身子三个头。另一种说法认为三首国在凿齿的东面。

周饶国在东面。那里的人都身材矮小，戴着帽子，系着腰带，穿着整齐讲究。另一种说法认为焦侥国在三首国的东面。

长臂国在东面。那里的人常在水中捕鱼，左右手各抓着一条鱼。另一种说法认为长臂国在焦侥国的东面，那里的人是在大海中捕鱼的。

狄山，唐尧死后葬在这座山的南面，帝喾死后葬在这座山的北面。这里有熊、罴、花斑虎、长尾猿、豹子、离朱鸟和视肉。吁咽和文王也埋葬在这里。另一种说法认为是葬在汤山。还有一种说法认为这里有熊、罴、花斑虎、长尾猿、豹子、离朱鸟、鹞鹰、视肉和㸿交，还有一片方圆三百里的茂密树林，那里住着南方的祝融神。他长着野兽的身子和人的面孔，乘着两条龙。

第八部分　山海经卷七　海外西经

海外西经

海外从西南角到西北角的国家地区、山丘河川分别如下：

灭蒙鸟在结胸国的北面。那里的鸟长着青色羽毛，拖着红色尾巴。

大运山高三百仞，屹立在灭蒙鸟的北面。

大乐野，夏后启（传说是夏朝开国君主大禹的儿子，夏朝第一代国君）观看乐舞《九代》的地方。他乘驾着两条龙，飞腾在三重云雾之上，左手撑着一顶华盖，右手拿着一只玉环，腰间佩挂着一块玉璜（一种半圆形玉器）。大乐野就在大运山的北面。另一种说法认为夏后启观看乐舞《九代》是在大遗野。

三身国在夏后启所在之地的北面。那里的人都长着一个脑袋和三个身子。

一臂国在三身国的北面。那里的人都只有一条胳膊、一只眼睛和一个鼻孔。那里还有一种黄色的马，身上长着老虎斑纹，只有一只眼睛和一条前腿。

奇肱国在一臂国的北面。那里的人都长着一条胳膊和三只眼睛，眼睛分为阴阳，阴在上而阳在下，骑名叫吉良的名马。那里还有一种鸟，长着两个脑袋和红黄色的身子，栖息在他们的身旁。

刑天与天帝争夺神位，天帝砍断了刑天的头，把他的头埋在常羊山。没了头的刑天便以乳头做眼睛，以肚脐做嘴巴，一手持盾牌，一手操大斧，不停地舞动，要与天帝决战到底。

叫做祭的女巫和叫做蔑的女巫住在刑天与天帝发生争斗之地的北面，正好处于两条水流交汇处。女巫蔑手里拿着兕角小酒杯，女巫祭手里捧着古代祭祀时盛供品的礼器。

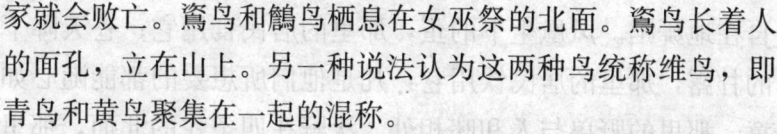

鸢鸟和鶹鸟，它们的颜色都是青中带黄，经过哪个国家，哪个国家就会败亡。鸢鸟和鶹鸟栖息在女巫祭的北面。鸢鸟长着人的面孔，立在山上。另一种说法认为这两种鸟统称维鸟，即青鸟和黄鸟聚集在一起的混称。

丈夫国在维鸟的北面。那里的人都穿衣戴帽，佩带宝剑。

有一具女丑的尸体横卧在丈夫国的北面。她生前是被十个太阳的热气烤死的，死时用右手遮住自己的脸。十个太阳高高挂在天上，女丑的尸体横卧在山顶上。

巫咸国在女丑的北面。那里的人右手握着一条青蛇，左手握着一条红蛇。那里还有座登葆山，是一群巫师来往于天上与人间的地方。

被称作并封的怪兽在巫咸国的东面。它的外形像普通的猪,却前后都有头,是黑色的。

女子国在巫咸国的北面。有两个女子住在这里,四周有水环绕着。另一种说法认为她们住在一道门的中间。

轩辕国在女子国的北面,穷山的旁边。那里的人就是不长寿的也能活八百岁。他们长着人的面孔却有着蛇的身子,尾巴盘绕在头顶上。

穷山在轩辕国的北面。那里的人拉弓射箭不敢向着西方,是因为敬畏黄帝威灵所在的轩辕丘。轩辕丘位于轩辕国北部,呈方形,被四条大蛇相互围绕着。

有个叫做沃野的地方。鸾鸟自由自在地歌唱,凤鸟自由自在地舞蹈。凤凰生下的蛋,那里的居民食用它;苍天降下的甘露,那里的居民饮用它;凡是他们所想要的都能随心如意。那里的野兽与人和睦相处。沃野在四条蛇的北面,那里的人用双手捧着凤凰蛋吃,有两只鸟在前面引导着。

既可在水中居住、又可在山陵居住的龙鱼在沃野的北面。龙鱼长得像一般的鲤鱼,另一种说法认为像鰕鱼(体型大的鲵鱼叫做鰕鱼。鲵鱼是一种水陆两栖类动物,有四只脚,长尾巴,眼小口大,生活在山谷溪水中,因叫声如同小孩啼哭,所以俗称娃娃鱼)。神人骑着它遨游在广大的原野上。还有一种说法认为鳖鱼在沃野的北面,这种鱼的外形也与鲤鱼相似。

白民国在龙鱼所在地的北面。那里的人都是白皮肤，且披散着头发。有一种叫做乘黄的野兽，长得像一般的狐狸，脊背上有角，人要是骑上它就能活两千年。

肃慎国在白民国的北面。那里有一种树木叫做雄常树，每当中原地区有圣明的天子即位，那里的人就取雄常树的树皮来做衣服。

长股国在雄常树的北面。那里的人都披散着头发。另一种说法认为长股国叫长脚国。

西方的蓐收神（神话传说中的金神），左耳上有一条蛇，乘驾两条龙飞行。

第九部分　山海经卷八　海外北经

海外北经

海外从西北角到东北角的国家地区、山丘河川分别如下：

无启国（传说无启国的人住在洞穴中，平常吃泥土，不分男女，一死就埋了，但他们的心不腐朽，死后一百二十年就又重新化成人）在长股国的东面。那里的人不生育子孙后代。

钟山的山神名叫烛阴。他睁开眼睛便是白昼，闭上眼睛便是黑夜，一吹气便是寒冬，一呼气便是炎夏。他不喝水，不吃食物，不呼吸，一呼吸就生成风，身子有一千里长。这位烛阴神在无启国的东面。他长着人一样的面孔和蛇一样的身子，全身赤红色，住在钟山脚下。

一目国在钟山的东面。那里的人只在脸的中间长着一只眼睛。另一种说法认为他们像普通的人一样有手有脚。

柔利国在一目国的东面。那里的人只长着一只手和一只脚，膝盖反长着，脚弯曲朝上。另一种说法认为柔利国叫做留利国，人的脚是反折着的。

天神共工的臣子叫相柳氏。他有九个头，九个头分别在九座山上吃食物。相柳氏所触动之处，便掘成沼泽和溪流。大禹杀死了相柳氏，血流过的地方发出腥臭味，不能种植五谷。大禹填塞这地方，多次填满而多次塌陷下去，于是大禹索性将这里挖成一个大池子，并用挖掘出来的泥土为众帝修造了帝台。这帝台在昆仑山的北面，柔利国的东面。这个相柳氏，长着九个脑袋和人的面孔，

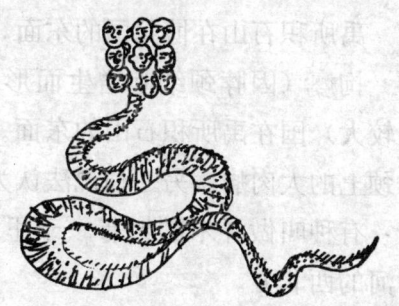

身子像蛇，且浑身青色。射箭的人不敢向北方射，因为敬畏共工威灵所在的共工台。共工台在相柳氏的东面，台是四方形的，每个角上有一条蛇，这些蛇身上的斑纹与老虎相似，头向着南方。

深目国在相柳氏所在地的东面。那里的人总是举着一只手。另一种说法认为深目国在共工台的东面。

无肠国在深目国的东面。那里的人身材高大，肚子里却没有肠子。

聂耳国在无肠国的东面。那里的人使唤着两只花斑大虎，并且在行走时用手托着自己的大耳朵。聂耳国在海水环绕的孤岛上，所以那里的人能看到出入海水的各种怪物。两只老虎在它的东面。

神人夸父要与太阳赛跑，并最终追上了太阳。这时夸父很渴，想要喝水，于是喝黄河和渭水中的水，喝完了两条河水还是不解渴，又要向北去喝大泽中的水，还没走到，就渴死在半路上了。他临死时抛掉的拐杖，变成了邓林。

夸父国在聂耳国的东面。那里的人身材高大，右手握着青色蛇，左手握着黄色蛇。邓林在它的东面，其实是由两棵非常大的树形成的树林。另一种说法认为夸父国叫博父国。

禹所积石山在博父国的东面，是黄河流入的地方。

拘瘿（因脖颈细胞增生而形成的囊状赘生物，多肉质，比较大）国在禹所积石山的东面。那里的人常用一只手托着脖颈上的大肉瘤。另一种说法认为拘瘿国叫做利瘿国。

有种叫做寻木的树有一千里高，生长在拘瘿国的南面，黄河的西北方。

跂踵（走路时脚跟不着地）国在拘瘿国的东面。那里的人身材高大，两只脚也非常大。另一种说法认为跂踵国叫反踵（脚是反转长的，走路时行进的方向和脚印的方向是相反的）国。

欧丝野在反踵国的东面。有一女子跪倚在桑树边吐丝。

三棵没有分枝的桑树，在欧丝野的东面。这种树虽高达一百仞（古时八尺为一仞），却没有树枝。

范林方圆三百里，在三棵桑树的东面。它的四周被沙洲环绕着。

务隅山，帝颛顼埋葬在它的南面，颛顼的九个嫔妃埋葬在它的北面。另一种说法认为这里有熊、罴、花斑虎、离朱鸟、鹞鹰和视肉怪兽。

平丘在三棵桑树的东面。这里有遗玉（一种玉石，先由松枝在千年之后化为茯苓，再过千年化为琥珀，又过千年化为遗玉）、青马、视肉怪兽、杨柳树、甘柤树（一种树木，枝干都是红色的，花是黄色的，叶子是白色的，果实是黑色的）、甘华树（一种树木，枝干都是红色的，花是黄色的）等，是各种果树生长的地方。在两座山相夹的一道山谷中，有两个大丘，叫做平丘。

北海内有一种野兽，长得像一般的马，名叫駒駼。又有一种野兽，名叫䮝，外形像白色的马，却长着锯齿般的牙，能吃老虎和豹子。又有一种白色的野兽，长得像马，名叫蛩蛩。还有一种青色的野兽，长得像老虎，名叫罗罗。

北方的禺彊神（神话传说中的水神），长着人的面孔和鸟的身子，耳朵上穿挂着两条青蛇，脚底下还踏着两条青蛇。

第十部分　山海经卷九　海外东经

海外东经

海外从东南角到东北角的国家地区、山丘河川分别如下：

蹉丘，这里有遗玉、青马、视肉怪兽、杨柳树、甘柤树和甘华树，是结出甜美果子的树所生长的地方，就在东海边。又有两座山夹着土丘，上面有树木。另一种说法认为土丘就是蹉丘。还有一种说法认为各种果树所在的地方，位于埋葬帝尧之地的东面。

大人国在北面。那里的人身材高大，正在撑船。一种说法认为大人国在蹉丘的北面。

奢比尸神在大人国的北面。那里的人都长着野兽的身子、人的面孔和大大的耳朵，耳朵上还穿挂着两条青蛇。另一种说法认为肝榆尸神在大人国的北面。

君子国在奢比尸神的北面。那里的人穿衣戴帽，腰间佩带着剑，能吃野兽，使唤的两只花斑老虎就在身旁，为人谦让而不喜欢争斗。那里有一种薰华草，早晨开花，傍晚凋谢。另一种说法认为君子国在肝榆尸神的北面。

虹霓（俗称美人虹）在北面。虹霓的各端都有两个脑袋。另一种说法认为虹霓在君子国的北面。

朝阳谷，这里有一个神叫做天吴，就是所谓的水伯。他住在虹霓北面的两条水流中间。他长得像头野兽，长着八个脑袋和人的脸面，有八只爪子和八条尾巴，背部是青中带黄的颜色。

青丘国在北面。那里有一种狐狸，长着四只爪子和九条尾巴。另一种说法认为青丘国在朝阳谷的北面。

天帝命令竖亥（传说中一个走得很快的神人）用脚步测量大地，从最东端走到最西端，是五亿十选九千八百步。竖亥右手拿着算筹，左手指着青丘国的北面。另一种说法认为是大禹命令竖亥测量大地。还一种说法认为测量的结果是五亿十万九千八百步。

黑齿国在北面。那里的人牙齿漆黑，吃稻米，又吃蛇，还有一条红蛇和一条青蛇正围在身旁。另一种说法认为黑齿国在竖亥所在地的北面，那里的人长着黑脑袋，吃稻米，驱使着蛇，其中一条蛇是红色的。

下面有汤谷。汤谷边上有一棵扶桑树。这里是十个太阳洗澡的地方，在黑齿国的北面，大水的中间。九个太阳停在扶桑树的下枝，一个太阳停在树的上枝。

雨师妾国在汤谷的北面。那里的人全身黑色，两只手各握着一条蛇，左边耳朵上挂有青色蛇，右边耳朵挂有红色蛇。另一种说法认为雨师妾国在十个太阳所在地的北面，那里的人长着黑色身子和人的面孔，两只手各握着一只龟。

玄股国在北面。那里的人穿着鱼皮衣而吃鸥鸟蛋，供他们使唤的两只鸟就栖息在身旁。另一种说法认为玄股国在雨师妾国的北面。

毛民国在北面。那里的人全身长满了毛。另一种说法认为毛民国在玄股国的北面。

劳民国在北面。那里的人全身黑色。有的人称劳民国为教民国。另一种说法认为劳民国在毛民国的北面,那里的人脸面、眼睛、手脚全是黑的。

东方的句芒神(神话传说中的木神)长着鸟的身子和人的面孔,乘着两条龙。

第十一部分 山海经卷十 海内南经

海内南经

海内由东南角向西的国家地区、山丘河川依次如下：

瓯在海中。闽在海中，它的西北方有座山。另一种说法认为闽地的山在海中。

三天子鄣山在闽的西方，海的北方。另一种说法认为三天子鄣山在海中。

桂林，是由很大的八棵树形成的树林，处在番隅的东面。

伯虑国、离耳国、雕题国、北朐国都在郁水的南岸。郁水发源于湘陵南海。另一种说法认为伯虑国应叫做相虑国。

枭阳国在北朐国的西面。那里的人长着人的面孔和长长的嘴唇，黑黑的身子有长毛，脚跟在前而脚尖在后，一看见人就张口大笑，左手握着一根竹筒。

兕在帝舜葬地的东面，湘水的南岸。兕的外形像一般的牛，通身青黑色，长着一只角。

苍梧山，帝舜葬在这座山的南面，帝丹朱葬在这座山的北面。

氾林方圆三百里，在猩猩生活之地的东面。

猩猩能知道人的姓名，这种野兽的外形像一般的猪却长着人的面孔，生活在帝舜葬地的西面。

猩猩的西北面有犀牛。它长得像一般的牛而全身是黑色的。

夏朝国王启的臣子叫孟涂，是主管巴地诉讼的神。巴地的人到孟涂那里去告状，告状人中谁的衣服沾上血迹，谁就会被孟涂拘禁起来，这样就不会冤枉好人而有好生之德。孟涂住在一座山上，这座山在丹山的西面。丹山在丹阳的南面，而丹阳是巴的属地。

窫窳长着龙一样的头，住在弱水中，在能知道人姓名的猩猩的西面。它的外形像野猫而体型略大，长着龙头，能吃人。

有一种树木，长得像牛，一拉就有树皮剥落，树皮的样子像帽子上的缨带，又像黄色蛇皮，它的叶子像罗网，果实像栾树（传说中的一种树木，树根是黄色的，树枝是红色的，树叶是青色的）结的果实，树干像刺榆，名叫建木。这种建木生长在窫窳所在地西面的弱水边上。

氐人国在建木所在地的西面。那里的人都长着人的面孔却是鱼的身子，没有脚。

巴蛇能吞下大象，吞食三年后才吐出大象的骨头。有才德的人吃了巴蛇的肉，就不会患心痛或肚子痛之类的病。这种巴蛇的颜色是青色、黄色、红色、黑色混合间杂的。另一种说法认为巴蛇长着黑色身子和青色脑袋，在犀牛所在地的西面。

旄马，长得像普通的马，但四条腿的关节上都有长毛。旄马在巴蛇所在地的西北面，高山的南面。

匈奴国、开题国、列人国都在西北方。

第十二部分　山海经卷十一　海内西经

海内西经

海内由西南角向北的国家地区、山丘河川依次如下：

贰负神（神话传说中的天神，长着人的脸面和蛇的身子）的臣子叫危，危与贰负合伙杀死了窫窳神（也是传说中的天神，本来长着人的脸面和蛇的身子，后被贰负及其臣子杀死后才变成上文所说的样子——龙头，野猫身，并且吃人）。天帝便把危拘禁在疏属山中，并给他的右脚戴上刑具，还用他自己的头发反绑上他的双手，拴在山上的大树下。这个地方在开题国的西北面。

大泽方圆一百里，是各种禽鸟生卵、孵化幼鸟和脱换羽毛的地方。大泽在雁门的北面。

雁门山，是大雁冬去春来出入的地方。雁门山在高柳的北面。

高柳在代地的北面。

后稷的葬地，有青山绿水环绕着，在氐人国的西面。

流黄酆氏国方圆三百里，有道路通向四方，中间有一座大山。流黄酆氏国在后稷葬地的西面。

流沙发源于钟山，向西流动，再朝南流过昆仑山，继续往西南流入大海，直到黑水山。

东胡在大泽的东面。

夷人在东胡的东面。

貊国在汉水的东北面。它靠近燕国的边界,后来被燕国灭掉了。

孟鸟在貊国的东北面。这种鸟的羽毛花纹有红、黄、青三种颜色,向着东方。

海内的昆仑山,屹立在西北方,是天帝在下方的都城。昆仑山方圆八百里,高一万仞。山顶有一棵长得像大树似的稻谷,高达五寻(古代的八尺为一寻),粗细需五人合抱。昆仑山的每一面有九眼井,每眼井都有用玉石制成的围栏。昆仑山的每一面有九道门,而每道门都有被称作开明的神兽守卫着。天神聚集的地方在八方山岩之间,赤水的岸边,没有像羿那样本领的人就无法攀上那些山冈岩石。

赤水从昆仑山的东南角发源,然后流到昆仑山的东北方,又转向西南流到南海厌火国的东边。

黄河水从昆仑山的东北角发源,然后流到昆仑山的北面,再折向西南流入渤海,又流出海外,就此向西,而后往北流,一直流到大禹所疏导过的积石山下。

洋水、黑水从昆仑山的西北角发源,然后折向东方,再折向东北方,然后朝南流入大海,直到羽民国的南面。

弱水、青水从昆仑山的西南角发源,然后折向东方,朝北流去,再折向西南方,流经毕方鸟所在地的东面。

昆仑山的南面有一个深三百仞的渊潭。开明神兽的身子像老虎,却长着九个脑袋和人一样的面孔,朝东立在昆仑山顶。

开明神兽的西面有凤凰和鸾鸟栖息。它们都各自缠绕着蛇,踩踏着蛇,胸前还有红色的蛇。

开明神兽的北面有视肉怪兽、珠树（生长珍珠的树）、文玉树（生长五彩美玉的树）、玗琪树（生长红色玉石的树）和不死树。那里的凤凰和鸾鸟都戴着盾牌。此外还有离朱鸟、像树一样的稻谷、柏树、甜美的泉水和圣木曼兑。另一种说法认为圣木曼兑应叫做挺木牙交。

开明神兽的东面有巫师神医巫彭、巫抵、巫阳、巫履、巫凡、巫相，他们围在窫窳的尸体周围，手捧不死药来抵抗死气，想要使他复活。这位窫窳，长着蛇的身子和人的面孔，是被贰负和他的臣子危合伙杀死的。

有一种服常树。树上有个长着三颗头的人，静静窥伺着附近的琅玕树（传说这种树上结出的果实就是珠玉）。

开明神兽的南面有一种树鸟，长着六个脑袋。那里还有蛟龙、蝮蛇、长尾猿、豹子、鸟秩树和四周环绕着树木的水池，此外还有诵鸟、雕鹰和视肉怪兽。

第十三部分 山海经卷十二 海内北经

海内北经

海内由西北角向东的国家地区、山丘河川依次如下：

蛇巫山，上面有人拿着一根棍棒向东站着。另一种说法认为蛇巫山应叫做龟山。

西王母倚靠着小桌案，头戴玉胜。在西王母的南面有三只勇猛善飞的青鸟，正在为西王母觅取食物。西王母和三青鸟的所在地是在昆仑山的北面。

有个神人叫大行伯，手握一把长戈。在他的东面有犬封国。贰负之尸也在大行伯的东面。

犬封国也叫犬戎国。那里的人都是狗的模样。犬封国有一女子，正跪在地上捧着酒食向人进献。那里还有长着带有彩色花纹皮毛的马，白色身子，红色鬣毛，眼睛像黄金一样闪闪发光，名叫吉量，骑上它就能使人长寿千岁。

鬼国在贰负之尸的北面。那里的人长着人的面孔却只有一只眼睛。另一种说法认为贰负神在鬼国的东面，他长着人的面孔和蛇的身子。

蜪犬长得像一般的狗，全身青色，它吃人是从人的头开始吃起。

穷奇的外形像一般的老虎，却生有翅膀。穷奇吃人也是从人的头开始吃，被吃的人披散着头发。穷奇在蜪犬的北面。另一种说法认为穷奇吃人是从人的脚开始吃起。

帝尧台、帝喾台、帝丹朱台、帝舜台都各有两座台。每座台都是四方形，在昆仑山的东北面。

有一种大蜂，长得像昆虫螽斯。还有一种朱蛾，长得像现在所说的蚂蚁。

蟜，长着人的身子却有着老虎一样的斑纹，腿上有强健的小腿肚子。蟜在穷奇的东面。另一种说法认为蟜长得像人，是昆仑山北面所独有的。

阘非，长着人的面孔却是兽的身子，全身青色。

天神据比的尸首，形象是折断了脖子，披散着头发，没了一只手。

环狗，这种人长着野兽的脑袋和人的身子。另一种说法认为他们的外形像刺猬，又像狗，全身黄色。

袜（即魅，古人认为物老则成魅，就是现在所说的鬼魅、精怪），这种怪物长着人的身子、黑色脑袋和竖立的眼睛。

戎，这种人的头上有三只角。

林氏国有一种珍奇的野兽，大小与老虎差不多，身上有五种颜色的斑纹，尾巴比身子长，名叫驺吾，骑上它可以日行千里。

昆仑山南面有一片方圆三百里的、茂密丛生的树林。

从极渊有三百仞深，只有冰夷神常常住在这里。冰夷神长着人的面孔，乘着两条龙。另一种说法认为从极渊应叫做忠极渊。

阳汙山，黄河的一条支流从这座山发源；凌门山，黄河的另一条支流从这座山发源。

王子夜的尸体，两只手、两条腿、胸脯、脑袋、牙齿都被斩断，且分散在不同地方。

　　帝舜的妻子登比氏生了宵明、烛光两个女儿，她们住在黄河边上的大泽中。两位神女的灵光能照亮方圆百里的地方。另一种说法认为帝舜的妻子叫登北氏。

　　盖国在大燕的南面，倭国的北面。倭国隶属于燕。

　　朝鲜在列阳的东面，北面有大海，南面有高山。列阳隶属于燕。

　　列姑射在黄河流入海口的小块陆地上。

　　姑射国在海中，隶属于列姑射。姑射国的西南部被高山环绕着。

　　大蟹生活在海里。

　　娃娃鱼长着人的面孔，有手有脚，却是鱼的身子，生活在海里。

　　大鳡鱼生活在海里。

　　明组邑（可能是生活在海岛上的一个部落。邑即邑落，指人所聚居的部落、村落）生活在海岛上。

　　蓬莱山（传说中的仙山，上面有神仙居住的宫室，都是用黄金和玉石建造成的，飞鸟走兽都是纯白色，远望如白云一般）屹立在海中。

　　大人贸易的集市在海里。

第十四部分 山海经卷十三 海内东经

海内东经

海内由东北角向南的国家地区、山丘河川依次如下：

大燕国在海内的东北角。

在流沙中的国家有埻端国和玺㬇国，都在昆仑山的东南面。另一种说法认为埻端国和玺㬇国是在海内建置的郡，不把它们称为郡县，是因为处在流沙中的缘故。

在流沙以外的国家有大夏国、竖沙国、居繇国和月支国。

西方胡人的白玉山在大夏国的东面，苍梧在白玉山的西南面，都在流沙的西面，昆仑山的东南面。昆仑山位于西方胡人所在地的西面。总的位置都在西北方。

雷泽中有一位雷神，长着龙的身子和人的头，他一鼓起肚子就响雷。雷泽在吴地的西面。

都州在海里。一种说法认为都州应叫做郁州。

琅玡台位于渤海之中，琅玡的东面。琅玡台（本来是一座山，高耸突起，外形如同高台，所以被称为琅玡台）的北面有座山。另一种说法认为琅玡台在海中。

韩雁（难以断定是国名还是鸟名，如果是国名，则应在海中的岛屿上）在海中，又在都州的南面。

始鸠（也难以断定是国名还是鸟名）在海中，又在韩雁的南面。

会稽山在大越的南面。

三条江水从岷山中流出：长江从汶山流出，北江从曼山流出，南江从高山流出。高山坐落在成都的西面。三条江水最终注入大海，入海处在长州的南面。

浙江从三天子都山发源。三天子都山在蛮地的东面，闽地的西北面。浙江最终注入大海，入海处在余暨的南边。庐江也从三天子都山发源，却注入长江，入江处在彭泽的西面。一种说法认为在天子鄣。

淮水从余山发源。余山坐落在朝阳的东面，义乡的西面。淮水最终注入大海，入海处在淮浦的北面。

湘水从帝舜葬地的东南角发源，然后向西环绕流去，最终注入洞庭湖下游。一种说法认为注入东南方的西泽。

汉水从鲋鱼山发源。帝颛顼葬在鲋鱼山的南面，帝颛顼的九个嫔妃葬在鲋鱼山的北面，有四条巨蛇卫护着。

濛水从汉阳西面发源，最终注入长江，入江处在聂阳的西面。

温水从崆峒山发源。崆峒山坐落在临汾南面。温水最终注入黄河，入河处在华阳的北面。

颍水从少室山发源。少室山坐落在雍氏的南面。颍水最终在西鄢的北边注入淮水。一种说法认为在缑氏注入淮水。

汝水从天息山发源。天息山坐落在梁勉乡的西南。汝水最终在淮极的西北注入淮水。一种说法认为入淮处在期思的北面。

泾水从长城的北山发源。北山坐落在郁郅长垣的北面。泾水最后流入渭水，入渭处在戏的北面。

渭水从鸟鼠同穴山发源，向东流入黄河，入河处在华阴的北面。

白水从蜀地流出，然后向东南流入长江，入江处在江州城下。

沅水从象郡镡城的西面发源，向东流入长江，入江处在下隽的西面，最后汇入洞庭湖中。

赣水从聂都东面的山中发源，向东北流入长江，入江处在彭泽的西面。

泗水从鲁地的东北方流出，然后向南流，再往西南流经湖陵的西面，然后转向东南流入东海，入海处在淮阴的北面。

郁水从象郡发源，然后向西南流入南海，入海处在须陵的东南面。

肄水从临晋的西南方流出，然后向东南流入大海，入海处在番禺的西面。

潢水从桂阳西北的山中发源，向东南流入肄水，入肄处在敦浦的西面。

洛水从上洛西边的山中发源，向东北流入黄河，入河处在成皋的西面。

汾水从上窳的北面流出，然后向西南流入黄河，入河处在皮氏的南面。

沁水从井陉山的东面发源，向东南流入黄河，入河处在怀的东南面。

济水从共山南面的东丘发源，流过巨鹿泽，最终注入渤海，入海处在齐地琅槐的东北面。

潦水从卫皋的东面流出，向东南流入渤海，入海处在潦阳。

虖沱水从晋阳城南发源，然后向西流到阳曲的北面，再向东流入渤海，入海处在章武的北面。

漳水从山阳的东面流出，向东流入渤海，入海处在章武的南面。

第十五部分 山海经卷十四 大荒东经

大荒东经 1

东海以外有一处深得不知底的沟壑,是少皞建国的地方。少皞就在这里抚养帝颛顼成长,帝颛顼幼年玩耍过的琴瑟曾丢在这沟壑里。

有一座甘山。甘水从这座山发源,水流汇积成为甘渊。

大荒的东南角有座高山,名叫皮母地丘。

东海以外,大荒当中,有座山叫做大言山,是太阳和月亮升起的地方。

有座波谷山,大人国就在这山里。大人做买卖的集市在叫做大人堂的山上。有一个大人正蹲在上面,张开着他的两只手臂。

有个小人国,那里的人被称作靖人。

有一个神人,长着人的面孔和野兽的身子,叫做犁䖟尸。

有座㶒山。杨水就是从这座山发源的。

有个蔿国。那里的人以黄米为食物,能驯化驱使老虎、豹子、熊、罴四种野兽。

在大荒当中,有座山叫做合虚山,是太阳和月亮升起的地方。

有一个国家叫中容国。帝俊生了中容。中容国的人吃野兽的肉和树木的果实,能驯化驱使豹子、老虎、熊、罴四种野兽。

有座东口山。君子国就在这山里,那里的人穿衣戴帽,而且腰间佩带宝剑。

有个国家叫司幽国。帝俊生了晏龙,晏龙生了司幽。司幽生了思士,而思士不娶妻子;司幽还生了思女,而思女不嫁丈夫。司幽国的人吃黄米饭,也吃野兽肉,能驯化驱使四种野兽。

有一座山叫做大阿山。

大荒当中有一座高山,叫做明星山,是太阳和月亮升起的地方。

有个国家叫白民国。帝俊生了帝鸿,帝鸿的后代是白民,白民国的人姓销,以黄米为食物,能驯化驱使老虎、豹子、熊、罴四种野兽。

有个国家叫青丘国。青丘国有一种狐狸,长着九条尾巴。

有一群人被称作柔仆民,他们所在的国家土壤很肥沃。

有个国家叫黑齿国。黑齿是帝俊的后代,姓姜。那里的人吃黄米饭,能驯化驱使四种野兽。

有个国家叫夏州国。在夏州国附近又有一个盖余国。

有个神人,长着八颗头且都是人的脸面,有着老虎的身子和十条尾巴,名叫天吴。

在大荒当中,有三座高山分别叫做鞠陵于天山、东极山、离瞀山,都是太阳和月亮升起的地方。有个神人名叫折丹,东方人单称他为折。从东方吹来的风被称为俊。折丹处在大地的东极,主管风起风停。

在东海的岛屿上,有一个神人,长着人的面孔和鸟的身子，耳朵上穿挂着两条黄色的蛇，脚底下踩踏着两条黄色的蛇，名叫禺号。黄帝生了禺号，禺号生了禺京。禺京住在北海，禺号住在东海，都是海神。

大荒东经 2

有座招摇山，融水从这座山发源。有一个国家叫玄股国。那里的人吃黄米饭，能驯化驱使四种野兽。

有个国家叫因民国。那里的人姓勾，以黄米为食物。

有个人叫王亥，他用两手抓着一只鸟，正在吃鸟的头。王亥把一群肥牛寄养在有易族人和水神河伯那里。有易族人把王亥杀死，占有了那群肥牛，后遭复仇。河伯哀念有易族人，便帮助有易族人偷偷地逃出来，在野兽出没的地方建立国家，他们以野兽肉为食，这个国家叫摇民国。另一种说法认为帝舜生了戏，戏的后代就是摇民。

海内有两个神人，其中的一个名叫女丑，女丑有一只听使唤的大螃蟹。

在大荒当中，有一座山名叫孽摇頵羝。山上有棵扶桑树，高耸三百里，叶子像芥菜叶。有一道山谷叫做温源谷。汤谷上面也长了棵扶桑树，一个太阳刚刚回到汤谷，另一个太阳就从扶桑树上出去，都由三足乌运载。

有一个神人，长着人的面孔、大大的耳朵和野兽的身子，耳朵上穿挂着两条青色的蛇，名叫奢比尸。

有一群长着五彩羽毛的鸟，相对而舞。帝俊从天上下来和它们交友。帝俊在下界的两座祭坛，由这群五彩鸟掌管着。

在大荒当中，有一座山名叫猗天苏门山，是太阳和月亮升起的地方。

有个国家叫埙民国。有座綦山。又有座摇山。还有座䲿山。又有座门户山。又有座盛山。又有座待山。还有一群五彩鸟。

在东荒当中，有座山名叫壑明俊疾山，是太阳和月亮升起的地方。这里还有个中容国。

在东北海外，有三青马、三骓马（毛色青白间杂的马）、甘华树，还有遗玉、三青鸟、视肉怪兽和甘柤树。这里是各种庄稼生长的地方。

有个国家叫女和月母国。有一个神人，北方人称他为鹓。从北方吹来的风叫狻。鹓处在大地的东北角，控制着太阳和月亮，使它们不交相错乱地出没，掌握它们升起落下时间的长短。

在大荒的东北角上，有一座山名叫凶犁土丘。应龙（一种生有翅膀的龙）就住在这座山的最南端，因杀了神人蚩尤和神人夸父，不能再回到天上。天上没了兴云布雨的应龙而使下界常常闹旱灾。下界的人们一遇天旱就装扮成应龙的样子求雨，就能得到大雨。

东海当中有座流波山，这座山在进入东海七千里的地方。山上有一种野兽，外形像普通的牛，长着青苍色的身子却没有犄角，仅有一只蹄子，出入海水时就一定有大风大雨相伴随，它发出的亮光如同太阳和月亮，它吼叫的声音如同雷响，名叫夔。黄帝得到了它，用它的皮蒙鼓，再拿雷兽的骨头敲打这鼓，响声传到五百里以外，威震天下。

第十六部分　山海经卷十五　大荒南经

大荒南经

在南海以外,赤水的西岸,流沙的东面,生长着一种野兽,左右各有一个头,名叫跊踢。还有三只青色的野兽交相合为一体,名叫双双。

有座山叫阿山。南海的当中,有一座氾天山,赤水最终流到这座山下。在赤水的东岸,有个地方叫苍梧野,帝舜与叔均(又叫商均,传说是帝舜的儿子。帝舜南巡到苍梧时死去,就葬在这里,商均因此留下,死后也葬在这里)葬在这里。这里有花斑贝、离朱鸟、鹞鹰、老鹰、乌鸦、两头蛇、熊、罴、大象、老虎、豹子、狼和视肉怪兽。

有一座荣山。荣水就从这座山发源。在黑水的南岸,有一条大黑蛇,正在吞食麈鹿。

有一座山叫巫山。在巫山的西面有只黄鸟。天帝的神仙药,就藏在巫山的八个斋舍中。黄鸟在巫山上,监视着那条大黑蛇。

在大荒当中,有座不庭山,荣水最终流到这座山下。这里有一种人长着三个身子。帝俊的妻子叫娥皇,这三身国的人就是他们的后代子孙。三身国的人姓姚，吃黄米饭，能驯化驱使四种野兽。这里有一个四方形的渊潭，四个角都能旁通，北边与黑水相连，南边和大荒相通。北侧的渊被称作少和渊，南侧的渊被称作从渊，是帝舜洗澡的地方。

又有一座成山，甘水最终流到这座山下。有个国家叫季禺国，这里的人是帝颛顼的子孙后代，吃黄米饭。还有个国家叫羽民国，这里的人都长着羽毛。又有个国家叫卵民国，这里的人都产卵，又从卵中孵化生出后代。

在大荒之中，有座不姜山，黑水最终流到这座山下。又有座贾山，汔水从这座山发源。又有座言山。又有座登备山。还有座恝恝山。又有座蒲山，澧水从这座山发源。又有座隗山，它的西面蕴藏有丹臒，它的东面蕴藏有玉石。往南又有座高山，漂水就是从这座山中发源的。又有座尾山。还有座翠山。

有个国家叫盈民国。这里的人姓於，吃黄米饭。又有人正在吃树叶。

有个国家叫不死国。这里的人姓阿，吃的是不死树。

在大荒当中，有座山叫做去痓山。南极果，北不成，去痓果。

在南海的岛屿上，有一个神，长着人的面孔，耳朵上穿挂着两条青色蛇，脚底下踩踏着两条红色蛇，这个神叫不廷胡余。

有个神名叫因因乎，南方人单称他为因乎。从南方吹来的风被称作乎民。因因乎处在大地的南极，主管风起风停。

有座襄山。又有座重阴山。有人在吞食野兽肉，名叫季蠤，为帝俊所生，所以这里被称作季蠤国。有一个缗渊。少皞生了倍伐，倍伐被贬，住在缗渊。有一个水池是四方形的，名叫俊坛。

有个国家叫载民国。帝舜生了无淫，无淫被贬在载这个地方居住，他的子孙后代就是所谓的巫载民。巫载民姓肦，吃五谷粮食。他们不从事纺织，却自有衣服穿；不从事耕种，却自有粮食吃。这里有能歌善舞的鸟，鸾鸟自由自在地歌唱，凤鸟自由自在地舞蹈。这里又有各种各样的野兽，群居相处。这里还是各种粮食作物汇聚的地方。

在大荒当中，有座山叫做融天山，海水从南面流进这座山。

有一个神人叫凿齿，羿射死了他。

有座山叫做蜮山。在这里有个蜮民国。这里的人姓桑，吃黄米饭，也会把射死的蜮吃掉。有人正在拉弓射黄蛇，名叫蜮人。

有座山叫做宋山。山中有一种红颜色的蛇，名叫育蛇。山上还有一种树，圆形的叶子像白杨树叶而有分枒，有油脂且芳香，名叫枫香树。枫香树，原本是蚩尤死后所丢弃的手铐脚镣所化成。

有个神人正咬着老虎的尾巴，名叫祖状尸。

有一个由三尺高的小人组成的国家，名叫焦侥国。这里的人姓幾，吃的是优良谷米。

在大荒当中，有座山名叫朽涂山，青水最终流到这座山下。还有座云雨山，山上有一棵树叫做栾。大禹在云雨山砍伐树木，发现红色岩石上忽然生出这棵栾树，长着黄色的茎干、红色的枝条和青色的叶子。此后诸帝就到这里来采摘可制药的花果。

有个国家叫伯服国，由颛顼的后代组成。这里的人吃黄米饭。有个鼬姓国。有座苕山。又有座宗山。又有座姓山。又有座壑山。又有座陈州山。又有座东州山。还有座白水山，白水从这座山发源，流下来汇聚成为白渊，是昆吾（上古时的一个诸侯，名叫樊，号昆吾）的师傅洗澡的地方。

有个人叫做张弘，正在海上捕鱼。海里的岛上有个张弘国，这里的人以鱼为食物，能驯化驱使四种野兽。

有一个人，长着鸟的嘴，生有翅膀，正在海上捕鱼。在大荒当中，有个人名叫驩头。鲧的妻子是士敬，士敬生个儿子叫炎融，炎融生了驩头。驩头长着人的面孔和鸟一样的嘴，生有翅膀，吃海中的鱼，凭借着翅膀行走，也把芑、苣、穄、杨树叶做成食物吃。于是有了驩头国。

帝尧、帝喾、帝舜都葬在岳山。这里有花斑贝、离朱鸟、鹞鹰、老鹰、乌鸦、两头蛇、视肉怪兽、熊、罴、老虎和豹子。还有朱木树，它长着红色的枝干，开青色的花朵，结黑色的果实。还有座申山。

在大荒当中，有座山名叫天台山。海水从南边流进这座山中。

在东南海之外，甘水之间，有个羲和国。这里有个叫羲和的女子，正在甘渊中给太阳洗澡。羲和是帝俊的妻子，生了十个太阳。

有座山叫盖犹山。山上生长着甘柤树，枝条和茎干都是红的，叶子是黄的，花朵是白的，果实是黑的。在这座山的东端还生长有甘华树，枝条和茎干都是红色的，叶子是黄的。山上有青色马，还有红色三骓马，又有视肉怪兽。

有一种十分矮小的人，名叫菌人。

有座南类山。这里有遗玉、青色马、三骓马、视肉怪兽、甘华树。各种各样的谷物生长在这里。

第十七部分 山海经卷十六 大荒西经

大荒西经 1

在西北海以外,大荒的一个角落,有座山断裂而合不拢,名叫不周山,有两头黄色的野兽守护着它。有一条水流名叫寒暑水。寒暑水的西面有座湿山,寒暑水的东面有座幕山。还有一座禹攻共工国山。

有个国家名叫淑士国。这里的人是帝颛顼的子孙后代。

有十个神人,名叫女娲肠,就是女娲的肠子变化而成的神,在称作栗广的原野上,他们拦断道路而居住。

有位神人名叫石夷,西方人单称他为夷。从西方吹来的风被称作韦。石夷处在大地的西北角,掌管太阳和月亮升起落下时间的长短。

有一种长着五彩羽毛的鸟,头上有冠,名叫狂鸟。

有一座大泽长山。有一个白氏国。

在西北海以外,赤水的东岸,有个长胫国。

有个西周国。这里的人姓姬,吃谷米。有个人正在耕田,名叫叔均。帝俊生了后稷,后稷把各种谷物的种子从天上带到下界。后稷的弟弟叫台玺,台玺生了叔均。叔均于是代替父亲和后稷播种各种谷物,发明了耕田的方法。有个赤国妻氏。有座双山。

在西海以外,大荒的当中,有座山叫方山。山上有棵青色大树,名叫柜格松,是太阳和月亮出入的地方。

在西北海以外，赤水的西岸，有个天民国。这里的人吃谷米，能驯化驱使四种野兽。

有个北狄国。黄帝的孙子叫始均，始均的后代子孙就是北狄国人。

有座芒山。有座桂山。有座榣山，山上有一个人，号称太子长琴。颛顼生了老童，老童生了祝融，祝融生了太子长琴。太子长琴住在榣山上，创作乐曲风行世间。

有三种长着彩色羽毛的鸟：一种叫凰鸟，一种叫鸾鸟，一种叫凤鸟。

有一种野兽，外形与普通的兔子相似，胸脯以后部分全露着而又分辨不出来，这是因为它的皮毛青得像猿猴，以致把裸露的部分遮住了。

在大荒的当中，有座山名叫丰沮玉门山，是太阳和月亮降落的地方。

有座灵山。巫咸、巫即、巫盼、巫彭、巫姑、巫真、巫礼、巫抵、巫谢、巫罗十个巫师，通过这座山往来于天地之间。各种各样的药物就生长在这里。

有西王母山、壑山和海山。有个沃民国，沃民便居住在这里。生活在沃野的人，吃的是凤鸟产的蛋，喝的是天降的甘露。凡是他们心里想要的美味，都能在凤鸟蛋和甘露中尝到。这里还有甘华树、甘柤树、白柳树、视肉怪兽、三骓马、璇玉、瑰石、瑶玉、碧玉、白木树、琅玕树、白丹、青丹，又多出产银和铁。鸾鸟自由自在地歌唱，凤鸟自由自在地舞蹈，还有各种野兽群居相处。所以这里被称作沃野。

有三只青色大鸟，它们长着红红的脑袋和黑黑的眼睛。

一只叫做大鹥，一只叫做少鹥，一只叫做青鸟。

有座轩辕台。射箭的人都不敢向西射，因为敬畏轩辕台上黄帝的威灵。

大荒当中，有座龙山，是太阳和月亮降落的地方。有三个大水池，名叫三淖，是昆吾族人取得食物的地方。

有个人穿着青色衣服，用袖子遮住脸，名叫女丑尸。

有个女子国。

有座桃山。还有座䗽山。又有座桂山。又有座于土山。

有个丈夫国。

有座弇州山。山上有一种长着五彩羽毛的鸟正仰头向天而歌，名叫鸣鸟。因此这里有各种各样的乐曲歌舞风行。

有个轩辕国。这里的人以居住在江河山岭的南边为吉利，他们当中就是寿命不长的也活到了八百岁。

在西海的岛屿上，有一个神人，长着人的面孔和鸟的身子，耳朵上穿挂着两条青色蛇，脚底下踩踏着两条红色蛇，名叫弇兹。

大荒西经 2

大荒当中，有座山名叫日月山，是天的枢纽。这座山的主峰叫吴姖天门山，是太阳和月亮降落的地方。有一个神人，形貌像人却没有臂膀，两只脚反转着连在头上，名叫嘘。帝颛顼生了老童，老童生了重和黎。帝颛顼命令重托着天用力往上举，又命令黎撑着地使劲朝下按。于是黎来到地下并生了噎。他就处在大地的最西端，主管着太阳、月亮和星辰运行的先后次序。有个神人反长着臂膀，名叫天虞。有个女子正在替月亮洗澡。帝俊的妻子常羲生了十二个月亮，于是开始给月亮洗澡。

有座玄丹山。在玄丹山上有一种长着五彩羽毛的鸟，生了一副人的面孔，而且有头发。这里还有青鴍和黄鷔，它们在哪个国家聚集栖息，哪个国家就会灭亡。有个水池，名叫孟翼攻颛顼池。

大荒当中，有座山名叫鏖鏊钜山，是太阳和月亮降落的地方。有一种野兽，左边和右边各长着一个头，名叫屏蓬。

有座巫山。又有座壑山。还有座金门山，山上有个人名叫黄姖尸。有比翼鸟。还有一种白鸟，长着青色的翅膀、黄色的尾巴和黑色的嘴壳。有一种红颜色的狗，名叫天犬，它所降临的地方都会发生战争。

在西海的南面，流沙的边沿，赤水的后面，黑水的前面，屹立着一座大山，就是昆仑山。有一个神人，长着人的面孔和老虎的身子，尾巴上有花纹和许多白色斑点，住在这座昆仑山上。昆仑山下有条弱水环绕着，弱水汇聚成深渊。深渊的外边有座炎火山，一投进东西就燃烧起来。有人头上戴着玉制首饰，长了满口的老虎牙齿，有一条豹子似的尾巴，在洞穴中居住，名叫西王母。这座山拥有世上的各种东西。

大荒当中，有座山名叫常阳山，是太阳和月亮降落的地方。

有个寒荒国。这里有两个神人分别叫女祭和女薎。

有个国家叫寿麻国。南岳娶了州山的女儿为妻，她的名字叫女虔。女虔生了季格，季格生了寿麻。寿麻端端正正站在太阳下而不见任何影子,高声疾呼而四面八方没有一点回响。这里异常炎热,人不可以前往。

有个人没了脑袋,手拿一把戈和一面盾牌立着,名叫夏耕尸。从前商汤王在章山讨伐夏桀王,打败了夏桀,又斩杀夏耕于他的面前。夏耕站立起来后,发觉没了脑袋,为逃罪而窜到巫山去了。有个人名叫吴回(即上文所说的火神祝融),只剩下左臂膀,而没了右臂膀。

有个盖山国。这里有一种树木,树枝和树干的皮都是红色的,叶子是青色的,名叫朱木。有一种人,只长一条臂膀,叫一臂民。

大荒当中,有一座山,名叫大荒山,是太阳和月亮降落的地方。这里有一种人,头的前边、左边、右边各长着一张面孔,却只有一只胳膊,是颛顼的子孙后代。这种三张面孔的人永远不会死。这里就是所谓的大荒野。

在西南海以外,赤水的南岸,流沙的西面,有个人耳朵上穿挂着两条青色蛇,乘驾着两条龙,名叫夏后启。夏后启曾三次到天帝那里做客,得到天帝的乐曲《九辩》和《九歌》而下到人间。这里就是所谓的天穆野,高达两千仞,夏后启在此演奏乐曲《九招》。

有个氐人国。炎帝(上古帝王神农氏)的孙子名叫灵恝，灵恝生了氐人。这里的人能乘云驾雾，往来于天地之间。

有一种鱼，身子半边干枯，名叫鱼妇，是帝颛顼死后又立即苏醒变化而成的。风从北方吹来，天上涌出大水如泉，蛇于是变化成为鱼，而死去的颛顼就是趁蛇鱼变化未定之机托体鱼躯重新复苏的，这便是所谓的鱼妇。

有一种青鸟，身子是黄色的，爪子是红色的，长有六个头，名叫鸀鸟。

有座大巫山。又有座金山。在西南方，大荒的一个角落，有偏句山和常羊山。

第十八部分 山海经卷十七 大荒北经

大荒北经

在东北海以外，大荒的当中，黄河水流经的地方，有座附禺山。帝颛顼与他的九个妃嫔葬在这座山。这里有鹞鹰、花斑贝、离朱鸟、鸾鸟、凤鸟和大大小小的殉葬物事，青鸟、琅鸟、燕子、黄鸟、老虎、豹子、熊、罴、黄蛇、视肉怪兽、璇玉、瑰石、瑶玉和碧玉，也都出产于这座山。卫丘方圆三百里，卫丘的南面有帝俊的竹林，竹子大得可以做成船。竹林的南面有红色的湖水，名叫封渊。有三棵不生长枝条的桑树，都高达一百仞。卫丘的西面有个沉渊，是帝颛顼洗澡的地方。

有个胡不与国。这里的人姓烈，吃黄米。

大荒当中，有座山名叫不咸山。有个肃慎氏国。有一种能飞的环节动物，名叫蛩，它长着四只翅膀。有一种蛇，长着野兽的脑袋和蛇的身子，名叫琴虫。

有一种人名叫大人。有个大人国，这里的人姓釐，吃黄米。有一种大青蛇，长着黄色的脑袋，能吞食驼鹿。

有座榆山。又有座鲧攻程州山。

大荒当中，有座山名叫衡天。又有座先民山。有一棵盘旋弯曲、高达一千里的大树。

有个叔歜国。这里的人都是颛顼的子孙后代，吃黄米，能驯化驱使老虎、豹子、熊和罴四种野兽。有一种外形与熊相似的黑虫，名叫猎猎。

有个北齐国。这里的人姓姜，能驯化驱使老虎、豹子、熊和罴。

大荒当中，有座山名叫先槛大逢山，是黄河水和济水流入的地方，海水从北面灌注到这里。它的西边也有座山，名叫禹所积石山。

有座阳山。又有座顺山，顺水从这座山发源。有个始州国，国中有座丹山。

有个大泽，方圆千里，是各种禽鸟脱去旧羽毛、再生新羽毛的地方。

有个毛民国。这里的人姓依，吃黄米，能驯化驱使四种野兽。大禹生了均国，均国生了役采，役采生了修鞈，修鞈杀了绰人。大禹哀念绰人被杀，暗地里帮绰人的子孙后代建成国家，就是这个毛民国。

有个儋耳国。这里的人姓任，是神人禺号的子孙后代，吃谷米。在北海的岛屿上，有一个神人，长着人的面孔和鸟的身子，耳朵上穿挂着两条青色蛇，脚底下踩踏着两条红色蛇，名叫禺彊。

大荒当中，有座山名叫北极天柜山，海水从北面灌注到这里。有一个神人，长着九个脑袋、人的面孔和鸟的身子，名叫九凤。又有一个神人，嘴里衔着蛇，手中握着蛇，他长着老虎的脑袋和人的身子，有四只蹄子和长长的臂肘，名叫彊良。

大荒当中，有座山名叫成都载天山。有一个人，耳上穿挂着两条黄色蛇，手上握着两条黄色蛇，名叫夸父。后土生了信，信生了夸父。而夸父不衡量自己的体力，想要追赶太阳的光影，直追到禺谷。夸父想喝了黄河水解渴，竟不够喝，准备跑到北方去喝大泽的水，还未到，便渴死在这里了。应龙在杀了蚩尤以后，又杀了夸父，因他的神力耗尽上不了天，就去南方居住，所以南方的雨水很多。

又有个无肠国。这里的人姓任，他们是无继国人的子孙后代，吃鱼类。

共工有一位臣子名叫相繇，长了九个头却有着蛇的身子，盘旋着绕成一团，贪婪地霸占九座神山以索取食物。他所喷吐停留过的地方，立即变成大沼泽，而气味不是辛辣就是很苦，百兽中没有能居住在这里的。大禹堵塞洪水，杀死了相繇，而相繇的血又腥又臭，使谷物不能生长。那地方又水涝成灾，使人不能居住。大禹填塞它，屡次填塞而屡次塌陷，于是把它挖成大池子，诸帝就利用挖出的泥土建造了几座高台。

有座岳山。一种高大的竹子生长在这座山上。

大荒当中，有座山名叫不句山，海水从北面灌注到这里。

有座山叫系昆山。上面有共工台，射箭的人因敬畏共工的威灵而不敢朝北方拉弓射箭。有一个人穿着青色衣服，名叫黄帝女魃（相传是不长一根头发的光秃女神，她所居住的地方没有一点雨水）。蚩尤制造了多种兵器用来攻击黄帝，黄帝便派应龙到冀州的原野去攻打蚩尤。应龙积蓄了很多水，而蚩尤请来风伯和雨师，纵起一场大风雨，使应龙没了用武之地。黄帝就降下名叫魃的天女助战，雨被止住，于是蚩尤被杀死。女魃因神力耗尽而不能再回到天上，她居住的地方没有一点雨水。叔均将此事禀报给黄帝，后来黄帝就把女魃安置在赤水的北面。叔均便做了田神。女魃常常逃亡而导致旱情的出现，要想驱逐她，便要祷告说："神啊，请向北去吧！"并且要事先清除水道，疏通大小沟渠。

有一群人正在吃鱼，他们建立的国家叫深目民国。这里的人姓盼，吃鱼类。

有座钟山。有一个穿青色衣服的女子，名叫赤水女子献。

大荒当中，有座山名叫融父山，顺水流入这座山。有一种人名叫犬戎。黄帝生了苗龙，苗龙生了融吾，融吾生了弄明，弄明生了白犬。这白犬有一公一母而自相交配，便生成犬戎族人，吃肉类食物。有一种红色的野兽，外形像普通的马却没有脑袋，名叫戎宣王尸（传说是犬戎族人奉祀的神）。

有五座山，分别叫做齐州山、君山、鬵山、鲜野山、鱼山。

有一种人只长着一只眼睛，这只眼睛正长在脸的中间。一种说法认为他们姓威，是少皡的子孙后代，吃黄米。

有一种人被称作无继民。无继民姓任，是无骨民的子孙后代，吃的是空气和鱼类。

在西北方的海外，流沙的东面，有个国家叫中輪国。这里的人是颛顼的子孙后代，吃黄米。

有个国家名叫赖丘。还有个犬戎国。犬戎国的人长着人的面孔和兽的身子，名叫犬戎。

在西北方的海外，黑水的北岸，有一种人长着翅膀，名叫苗民。颛顼生了驩头，驩头生了苗民。苗民姓釐，吃的是肉类食物。还有一座山名叫章山。

大荒当中，有衡石山、九阴山、灰野山。这些山上有一种红色的树木，长着青色的叶子，开红色的花朵，名叫若木。

有个牛黎国。这里的人身上没有骨头，是儋耳国人的子孙后代。

在西北方的海外，赤水的北岸，有座章尾山。有一个神人，长着人的面孔和蛇的身子，全身是红色，身子长达一千里，竖立生长的眼睛在正中合成一条缝。他闭上眼睛就是黑夜，睁开眼睛就是白昼，不吃饭，不睡觉，不呼吸，只以风雨为食物，能照耀阴暗的地方，所以被称作烛龙。

第十九部分　山海经卷十八　海内经

海内经 1

在东海以内，北海的一个角落，有个国家名叫朝鲜。还有一个国家叫天毒。天毒国的人傍水而居，怜悯人，慈爱人。

在西海以内，流沙的中央，有个国家名叫壑市国。

在西海以内，流沙的西边，有个国家名叫氾叶国。

流沙西面，有座山叫鸟山，三条河流共同发源于这座山。这里所有的黄金、璇玉、瑰石、丹货和银铁，全都产于这三条河中。又有座大山叫淮山，好水就是从这座山发源的。

在流沙的东面，黑水的西岸，有朝云国和司彘国。黄帝的妻子雷祖（即嫘祖，相传是教人们养蚕的始祖）生下昌意。昌意自天上降到若水居住，生下韩流。韩流长着长长的脑袋、小小的耳、人的面孔、猪的长嘴、麒麟的身子、罗圈着的双腿、小猪的蹄子，娶淖子族人中一名叫阿女的女子为妻，生下帝颛顼。

在流沙的东面，黑水流经的地方，有座山名叫不死山。

在华山青水的东面，有座山名叫肇山。有个仙人名叫柏子高，柏子高由这里上上下下，直至到达天上。

在西南方黑水流经的地方，有一处原野叫都广野，后稷就埋葬在这里。这里出产膏菽、膏稻、膏黍、膏稷，各种谷物自然成长，冬夏都能播种。鸾鸟自由自在地歌唱，凤鸟自由自在地舞蹈。灵寿树开花结果，丛草和树林茂盛。这里还有各种禽鸟野兽群居相处。在这个地方生长的草，无论寒冬炎夏，都不会枯死。

在南海以内，黑水和青水流经的地方，有一种树木名叫若木，而若水就从若木生长的地底下发源。

有个禺中国。又有个列襄国。有一座灵山，山中的树上有一种红颜色的蛇，叫做蠕蛇，以树木为食。

有个盐长国。这里的人长着鸟一样的脑袋，被称作鸟民。

有九座山丘，都被水环绕着，名称分别是陶唐丘、叔得丘、孟盈丘、昆吾丘、黑白丘、赤望丘、参卫丘、武夫丘、神民丘。有一种树木，长着青色的叶子和紫色的茎干，开黑色的花朵，结黄色的果实，叫做建木。高达一百仞的树干上不生长枝条，而树顶上则有九根蜿蜒曲折的枝丫，树底下有九条盘旋交错的根节。它的果实像麻子，叶子像芒树叶。上古帝王太皞（即伏羲氏）凭借建木登上天。黄帝栽培了建木。

有一种窫窳兽，长着龙一样的脑袋，能吃人。还有一种野兽，长着人一样的面孔，名叫猩猩。

西南方有个巴国。太皞生了咸鸟，咸鸟生了乘釐，乘釐生了后照，而后照就是巴国人的始祖。

有个国家名叫流黄辛氏国，方圆三百里。这里出产驼鹿。还有一座巴遂山，渑水从这座山发源。

又有个朱卷国。这里有一种黑颜色的大蛇，长着青色脑袋,能吞食大象。

南方有一种赣巨人,长着人的面孔而嘴唇长长的,黑黑的身上长满了毛,脚尖朝后而脚跟朝前反长着,看见人就发笑,一发笑嘴唇便会遮住他的脸,人就可以趁此机会立即逃走。

还有一种黑人,长着老虎一样的脑袋和禽鸟一样的爪子,两只手握着蛇,正在吞食它。

有一种人被称作嬴民,长着禽鸟一样的爪子。附近还有大野猪。

有一种人被称作苗民。这地方有一个神,长着人的脑袋和蛇的身子,身躯长长的像车辕,左右各长着一个脑袋,穿着紫色衣服,戴着旒帽,名叫延维。人主得到它后加以供享祭祀,便可以称霸天下。

海内经 2

鸾鸟自由自在地歌唱,凤鸟自由自在地舞蹈。凤鸟头上的花纹是"德"字,翅膀上的花纹是"顺"字,胸脯上的花纹是"仁"字,脊背上的花纹是"义"字。它一出现就会使天下太平。

有一种外形像兔子的青色野兽,名叫菌狗。又有翠鸟。还有孔雀。

在南海以内,有座衡山。又有座菌山。还有座桂山。还有座山叫做三天子都山。

南方有一片山丘叫苍梧丘。还有一个深渊叫苍梧渊。在苍梧丘和苍梧渊的中间有座九嶷山,帝舜就葬在这里。九嶷山位于长沙零陵境内。

在北海以内，有座山叫蛇山。蛇水从蛇山发源，向东流入大海。有一种长着五彩羽毛的鸟，成群地飞起，能遮蔽一乡的上空，名叫翳鸟。还有座不距山，巧倕（相传是上古帝尧时代一位灵巧的工匠）便葬在不距山的西面。

在北海以内，有一个被反绑着双手、戴着刑具、还带着戈图谋叛逆的臣子，名叫相顾尸。

伯夷父生了西岳，西岳生了先龙，先龙的后代子孙便是氐羌。氐羌人姓乞。

北海以内，有一座山，名叫幽都山。黑水从这座山发源。山上有黑色鸟、黑色蛇、黑色豹子、黑色老虎和长着毛蓬蓬尾巴的黑色狐狸。有座大玄山。有一种生活在土丘上的、全身黑色的人。有个大幽国。有一种膝盖以下的腿部全为红色的人。

有个钉灵国。这里的人膝盖以下的腿部都有毛，长着马的蹄子，善于快跑。

炎帝的孙子叫伯陵，伯陵与吴权的妻子阿女缘妇私通，阿女缘妇怀孕三年，这才生下鼓、延、殳三个儿子。殳发明了比赛射箭用的箭靶。鼓、延二人发明了钟，并作乐制曲。

黄帝生了骆明，骆明生了白马。这白马就是鲧（相传是大禹的父亲）。

黄帝生了禺号，禺号生了淫梁，淫梁生了番禺。这位番禺发明了船。番禺生了奚仲，奚仲生了吉光。这位吉光是最早用木头制造出车子的人。

少皞（即少昊，号称金天氏，传说中的上古帝王）生了般。这位般发明了弓和箭。

帝俊赏赐给后羿红色弓和白色箭,让他用他的射箭技艺去扶助下界各国,后羿便开始去解救世间人们的各种困苦。

帝俊生了晏龙,这位晏龙发明了琴和瑟两种乐器。帝俊有八个儿子,他们创作了很多歌曲和舞蹈。

帝俊生了三身,三身生了义均。这位义均便是所谓的巧倕,发明了世间的各种工艺技巧。后稷教导人民播种百谷。后稷的孙子叔均发明了用牛耕田。大比赤阴受封而建国。大禹和鲧受命挖掘泥土治理洪水,度量并划定九州。

炎帝的妻子,即赤水氏的女儿听訞生下炎居,炎居生了节并,节并生了戏器,戏器生了祝融。祝融降临到江水居住,生了共工。共工又生了术器。术器的头是平顶方形,他恢复了祖父祝融的土地,仍住在江水。共工又生了后土,后土生了噎鸣,噎鸣生了十二太岁神。

洪荒时代到处是漫天大水。鲧偷拿天帝的息壤(神话传说中的一种能够自生自长、永不耗损的土壤)用来堵塞洪水,而未等待天帝下令。天帝派遣祝融把鲧杀死在羽山的郊野。鲧死了三年而尸体不腐烂,被祝融二世用刀剖开肚腹,生了禹。天帝于是命令禹再次挖掘泥土治理洪水,以便度量划定九州、安定九州百姓。

第二十部分 《山海经》的通俗故事

1. 盘古开天辟地

很久很久以前,天和地还没有分开,宇宙的景象就像是一只大鸡蛋,漆黑一团,没有山川草木,没有日月星辰,更没有人类生存。可是,就在这片模糊黑暗之中,孕育了创造世界的盘古。

盘古在这只大鸡蛋里长大成人以后,睡了一万八千年,才醒了过来。这时,他发现他生活在黑暗模糊的大鸡蛋里,心里憋闷得慌,浑身像被绳子束缚一样很难受,又看不见一丝丝光明。于是,他决心舒展一下筋骨,捅破这个大鸡蛋。

盘古胳膊一伸,腿脚一蹬,只听得一声霹雳巨响,大鸡蛋忽然破裂开来。可是,他睁大眼睛一看,上下左右,四面八方,依然是黑糊糊一片。盘古急了,抡起拳头就砸,抬起脚就踢。盘古的胳膊腿脚又粗又大,像铁打的一样。他这一踢一打呀,凝聚了一万八千年的大鸡蛋被踢打得稀里哗啦乱动。盘古三晃荡、两晃荡,紧紧缠住盘古的黑暗宇宙,就慢慢地分离了。其中有些轻而清的东西便飘动起来,冉冉上升,变成了蓝天;另外有些重而浊的东西则渐渐沉降,变成了大地。

天地一分开，盘古觉得舒坦多了。他长长地舒了口气，想站立起来，然而天沉重地压在他的头上。他意识到天若不高高地升到高空，那么地上就永远不可能有生命存在。于是他坐下来思考，怎样才能解决这一问题。最后，他断定，只有他把天托住，世上众生才能繁衍和生存。于是，盘古就手撑天，脚蹬地，努力地不让天压到地面上。日复一日，年复一年，光阴又过去了一万八千年。这期间，盘古吃的只是飘进他嘴里的雾，且从不睡觉。开始，他只能用胳膊肘撑着，伏在膝盖上休息，因为他必须竭尽全力，用双手把天推向天空。终于，盘古可以将身体挺直，高举双手把天空向上托了。他的身子一天长一丈，天地之间就多出一丈。天越升越高，盘古的身躯也越来越长。天地被他撑开了九万里，他也长成了一个高九万里的巨人。

天终于高高定位于大地的上方，盘古却感到非常疲惫。他仰视双手上方的天，又俯视脚下深远的大地。他断定天地之间已经有了相当的距离，他可以躺下休息，而不必担心天会塌下来压碎大地了。

于是盘古躺下身来，睡着了。他在熟睡中死去了。盘古是累死的，他开天辟地，耗尽了心血，流尽了汗水。在睡梦中他还想着：光有蓝天、大地不行，还得在天地间造日月山川、人类万物。可是他已经累倒了，再也不能亲手造这些了。最后，他想：把我的身体留给世间吧。

于是，盘古的身体不仅使宇宙具有了外形，同时也使宇宙中有了物质。

盘古倒下时,他的头化作了东岳泰山(在山东),他的脚化作了西岳华山(在陕西),他的左臂化作南岳衡山(在湖南),他的右臂化作北岳恒山(在山西),他的肚子化作了中岳嵩山(在河南)。这五座圣山确定了四方形大地的四个角和中心。它们像巨大的石柱一样耸立在大地上,各自支撑着天的一角。

盘古的左眼,变成了又圆又大又明亮的太阳,高高地挂在天上,日夜给大地送来温暖;他的右眼变成了皎洁如玉的月亮,给夜晚的大地披上一层银纱。他睁眼时,月儿是圆圆的;眨眼时,就变成了可爱的月牙儿。

他的头发和眉毛,变成了天上的星星,洒满蓝天,伴着月亮走,跟着月亮行。他嘴里呼出来的气,变成了春风和云雾,使得万物生长。他的声音变成了雷鸣闪电。他的肌肉变成了大地的土壤,筋脉变成了条条道路。他的手足四肢变成了高山峻岭,骨头牙齿变成了埋藏在地下的金银铜铁、玉石宝藏。他的血液变成了滚滚的江河,汗水变成了雨和露。他的汗毛变成了花草树木。传说盘古的魂魄也在他死后变成了人类,所以,都说人类是世上的万物之灵。

盘古生前完成开天辟地的伟大业绩,死后留给后人无穷无尽的宝藏,是中华民族崇拜的英雄。

2. 女娲造人

天地开辟以后,天上有了太阳、月亮和星星,地上有了山川草木,甚至有了鸟兽虫鱼,可是单单没有人类。这世间,无论怎样说吧,总不免显得有些荒凉寂寞。

不知道什么时候，出现了一个神通广大的女神，叫做女娲。传说她一天当中能够变化七十次。有一天，大神女娲行走在盘古开辟的这片莽莽无边的原野上，看着周围的景象，感到非常冷清孤独。她觉得在这天地之间，应该添一点什么东西进去，让它生气蓬勃起来才好。

添一点什么东西进去呢？

走啊走，她走得有些疲倦了，偶然在一个池子旁边蹲下来。清澈见底的池水照见了她的面容和身影：她笑，池水里的影子也向着她笑；她假装生气，池水里的影子也向着她生气。她忽然灵机一动：世间各种各样的生物都有了，单单没有像自己一样的生物，那为什么不创造一种像自己一样的生物加入到这世间呢？

想着，她就顺手从池边挖起一团黄泥巴，掺和了水，在手里揉捏着，揉捏着，揉捏成了一个娃娃模样的小东西。

她把这个小东西放到地面上。说也奇怪，这个泥巴捏的小家伙，刚一接触地面，就活蹦乱跳了起来，并且开口就喊：

"妈妈！"

接着一阵兴高采烈地跳跃和欢呼，表达他获得生命的欢乐。

女娲看着她亲手创造的这个聪明美丽的生物，又听见"妈妈"的喊声，不由得满心欢喜，眉开眼笑。

她给她心爱的孩子取了一个简单的名字——"人"。

人的身体虽然小，但据说因为是神创造的，相貌和举动也有些像神，和天上飞的鸟、地上爬的兽都不同，看起来似乎天生就有一种管理宇宙的非凡气概。

女娲对于她的作品感到很满意。于是,她又继续动手做她的工作,她用黄泥巴做了许多能说会走的可爱的小人儿。这些小人儿在她的周围跳跃欢呼,使她精神上有说不出的高兴和安慰。从此,她再也不感到孤独、寂寞了。

她工作着,工作着,一直工作到晚霞布满天空,星星和月亮射出幽暗的光。夜深了,她只把头枕在山崖上,略睡一睡,第二天,天刚微明,她又赶紧起来继续工作。

她一心要让这些灵敏的小生物布满大地。但是,大地毕竟太大了,她工作了许久,还是没有达到她的心愿,而她本人已经疲倦得难以忍受了。

最后,她想出了一个绝妙的创造人类的方法。她从崖壁上拉下一条枯藤,把它伸入一个泥潭里,沾满了浑黄的泥浆,向地面这么一挥洒,泥点溅落的地方,就出现了许多小小的叫着跳着的人儿,和先前用黄泥巴捏成的小人儿,模样一般无二。"妈妈"、"妈妈"的喊声,震响在周围。

用这种方法来进行工作,果然简单省事。藤条一挥,就有好些活人出现。不久,大地上就布满了人类的足迹。

女娲在大地上造出许多人来,心中高兴,寂寞感一扫而空。她决定到四处走走,看看那些人生活得怎样。

一天,她走到一处,见这里人烟稀少,感到十分奇怪。她俯身仔细察看,见地上躺着不少小人,动也不动,她用手拨弄,也不见动静。原来,这是她最初造出来的小人,这时已头发雪白,自然死亡了。

女娲见了这种情形,心中暗暗着急,她思考着:人是要死亡的，死亡了一批再创造一批吗？这未免太麻烦了。怎样才能使他们继续生存下去呢？这可是一个难题。

后来她终于想出了一个两全其美的办法，就是把那些小人儿分为男女，让男人和女人配合起来，通过婚姻，叫他们自己去创造后代。这样，人类就世世代代得以延续下来，并且一天比一天增多了起来。后来世人就把女娲奉为"神媒"。

3. 女娲补天

传说女娲用黄土仿照自己的模样创造了人，从而形成了人类社会；又替人类建立了婚姻制度，使青年男女相互婚配，繁衍后代，因此被传为婚姻女神。她是中华民族伟大的母亲，她慈祥地创造了人类，又勇敢地照顾人们免受天灾，是被民间广泛而又长久崇拜的始祖神。

传说女娲是一位人首蛇身的善良女神。她教会人们自行繁衍后代，还给人类制造了一种叫笙簧的乐器，而使人们最为感动的，是女娲补天的故事。

话说当人类的踪迹布满大地后，忽然水神共工和火神祝融打起仗来，他们从天上一直打到地下，闹得到处不得安宁。结果祝融打胜了，但吃了败仗的共工不服气，一怒之下,把头撞向了不周山。不周山山体裂开了,支撑天地之间的大柱子被撞断了好几根,天倒下了半边,出现了一个大窟窿,地也塌陷下去,出现了一道道大裂纹,山林燃起了熊熊大火,洪水从地底下喷涌出来,龙蛇猛兽也出来吞食奔走的人民。人类面临着空前的大灾难。

女娲目睹人类遭受到如此奇异的灾祸,感到无比痛苦,于是决心补天,以终止这场灾难。女娲来到黄河边的天台山,挑选了许多五彩缤纷的石头,把它们放在熔炉里熔化,再用这些熔化了的石头把天上的洞补起来。女娲不停地补呀补呀,九天九夜过去了,天空终于被补好了,大地放晴了,天边出现了五色云霞。现在雨过天晴后出现的彩霞,就是当年女娲用五彩石炼成的呢!

天补好了,天空比以前更加灿烂绚丽,女娲欣慰地笑了。可是,她还是不放心,又从东海捉来一只万年的巨龟,斩下它的四足,将它们用作擎天的柱子,分别竖立在大地的东南西北四个角落,支撑住了天地的四方。接着,这位仁慈伟大的母亲,又把大量的芦苇烧成灰,填平了地上洪水泛流的山沟和谷地。就这样,人们终于能够安居乐业地生活了,人类终于摆脱了灾难,大地上又出现了祥和欢乐的气氛。

女娲创造了人类,因而被人们称为人类始祖——"女娲娘娘";同时,她为她创造的人们的幸福不懈地付出着,努力着,因此,她的名字被后人永远记在心上。

4. 农神、药神、商神——炎帝

女娲补天以后,又轮转了不知多少个春秋。在历史长河的一个普通黄昏，西边残阳如血，东边晶莹的圆月已悄悄攀上了柳梢，少典氏娶于有蟜氏的新娘任姒，仍在姜水岸边来回走动。古今中外，年轻漂亮、多情善感的女子都一样，她们的心思谁也猜不透。

突然，一道红光自姜水的碧波深处激射而出，任姒猛抬头，只见一条长着红色胡须的神龙升至半空，双目发出两道神光，与她的目光交接。刹那间，任姒只觉心里一阵震动，似有所感。她用手擦一擦眼睛，定一定神，再放眼望去，但见暮色渐合，天空河水都黑糊糊的，哪有什么神龙啊！神龙见首不见尾，任姒却因此怀孕了，足月产下一个儿子，长着牛的脑袋和人的身子，以姜水之姜作为姓氏。这个儿子就是南方火德之帝，所以号称炎帝。

炎帝是极仁慈、极具爱心的神。他见人口日趋繁多，自然资源渐渐缺乏，产生了担忧：禽兽、果实自然生长的脚步怎赶得上人类繁殖的飞速？一旦野生动植物被食尽，天下百姓难道要饥饿而死？炎帝愁啊愁，想啊想，一直想了九九八十一个白天黑夜，终于想出一个办法：何不教老百姓农耕种植，用劳动的汗水来换取生存必需的物资呢？刚想到这里，天空中就纷纷扬扬飘落下无数的黍、稷、麻、麦、豆来。炎帝把这些谷种收集聚拢，命名为五谷，吩咐老百姓暮春时节播种在开垦过的土地里，等待它们长出幼苗，就移栽于潮湿的地里，再施肥滋养，拔除多余的杂草，依照这种方法去做，必能获得丰收。后来，炎帝看见百姓耕作栽插十分辛苦，就砍断树木，制作木头农具，命令民间依照样式制造使用；并且委派仙人赤松子作为雨师，观测气象，调节晴雨……从此，年年五谷丰登，老百姓丰衣足食，天天欢歌。大家为了感谢并纪念炎帝的功德，尊称他为"神农"。

炎帝不单单是农业神，同时也是医药神、商业神。他游走四方，看见老百姓大多面部黄肿，有风湿的毛病，心中很不安宁，当即决定踏遍三山五岳，采集天下奇异的神草。他用红色的鞭子逐一抽打这些药草，药草经过鞭子不断击打，无论有毒无毒，或寒或热，各种性质都呈现暴露出来。他就依据药草的不同特性，给人们治疗各种疾病。为了进一步辨识药物的性质、味道和功能，以便更好地救死扶伤，炎帝又亲自品尝上百种药草。他首先品尝甘草，味道甘甜，性质平和，能泻火解毒；然后咀嚼乌梅，牙齿酸酸，口水多多，而且能涩肠敛肺；咬食花椒则健脾开胃；多吃辛辣则利于出汗……类似的事情，多得数也数不过来。平均一天之内，炎帝中毒达十二次。幸亏炎帝的身体玲珑透明，从外面就可以看清五脏六腑，所以能够马上知道中毒的部位，找到解救的方法。炎帝尝试完百草的药性，将温、凉、寒、热的药物分门别类地存放。按照君臣佐使的意见，他编写成医书药方，用来造福人类。医学这门学科，从此以后就建立起来。炎帝还开辟市场，倡导贸易，鼓励大家互通有无，调剂多余或缺少的物资，以便提高生活的质量，开了经商的先河。

炎帝的夫人是赤水氏的女儿听訞，她与炎帝所生的儿子名叫炎居。炎居生有儿子节并，节并生有儿子戏器，戏器生有儿子火神祝融。祝融被流放到长江流域，生下了怒触不周山的水神共工。共工的儿子术器生下来就有与众不同的相貌，他的头顶平整，好像刀削过的一样；另外一个儿子叫后土,就是后来的土地神。后土生下了时间神——噎鸣,噎鸣有十二个孩子,他们是困敦(子年)、赤奋若(丑年)、摄提格(寅年)等十二太岁神。后土还有位孙儿,就是后来追逐太阳、和太阳赛跑的夸父。

5. 爱与美的天神——瑶姬

炎帝的四女儿是姐妹群里最美丽、最浪漫、最多情的一个。她好幻想,好做花季少女粉红色的梦,好几次在睡梦中,英俊的公子已经骑着马来接她了,却屡屡被灵鹊儿惊醒。常言道:佳人自古多薄命。四姑娘不知道什么原因,竟患起那无名的绝症,虚弱得起不了床。花园里、小河边,再也听不到她银铃似的笑声了。炎帝虽然是医药之神,但药草能治疗疾病,却不能挽救性命。四姑娘最终香消玉殒,撒手离开了人世。她的尸身埋葬在花团锦簇的姑瑶山上,香魂化作芬芳的蓍草。蓍草花色嫩黄,叶子双生,结的果实好似菟丝。女子若服食了蓍草果,便会变得明艳性感,惹人怜爱。

蓍草儿在姑瑶山上,白天吸收太阳的精髓,夜晚采集月亮的光华,若干年后,修炼成巫山神女。她有一个好听的名字——瑶姬。大禹治水,一路凿山挖河,来到巫山脚下,准备修建沟渠,排泄洪水。陡然间,狂风大作,直刮得暗无天日,地动山摇,飞沙走石,层层叠叠的洪峰,像连绵的山峦扑面而来。大禹措手不及,来不及防范,只好撤离江岸,去向巫山神女——瑶姬求助。瑶姬敬佩大禹一心为民、以利天下的精神,哀怜背井离乡、倾家荡产的灾民,当下传授给大禹差遣神鬼的法术和防风治水的天书,让他止住了狂风。又派遣贴身侍臣狂章、虞余、黄麾、大翳、庚辰、童律，祭起法宝雷火珠、电蛇鞭，将巫山炸开一道峡谷，让洪水经巫峡从巴蜀境内流出，涌入大江。饱受洪灾之苦的巴蜀人民，因而得到了拯救。

千年过去了，又是千年，时间到了战国。楚怀王前往云梦泽打猎，途中在高唐观休息了一会儿，睡眼蒙眬中，见一女子亭亭玉立，款款走来，自言自语道："我是炎帝的小女儿，名叫瑶姬，还未成年就死了，被埋葬在巫山的碎石台中，精魂化为仙草，实际上就是灵芝。"楚王见她"手如柔荑，肤如凝脂，领如蝤蛴，齿如瓠犀，螓首蛾眉，巧笑倩兮，美目盼兮"（《诗经·卫风·硕人》），惊艳不已，爱慕之情油然而生，于是留下了一段风流佳话。楚怀王恍然梦醒，瑶姬的芳影不再，但遗下的香味犹存。楚怀王不能忘情于瑶姬，寻找到巫山脚下，但见峰峦秀丽，云霞蒸腾，天空蔚蓝一片。乡间传说，这种云霞就是神女瑶姬所幻化的，上属于苍天，下入于深渊，繁茂如苍松，美艳若娇娥。楚怀王慨叹"曾经沧海难为水，除却巫山不是云"（唐·元稹《离思五首之四》），于是在巫山临江侧修筑楼阁，号为"朝云"，以示怀念。

瑶姬哪儿去了？她就站在高高的山崖上，举目眺望，凝视着七百里三峡，凝视着滔滔东进的流水，凝视着江上的飞鸟、江畔的花朵、江心的白帆。她天天矗立在山峰之上，日久天长，自己也化身为一座秀美峭拔的峰峦了，那就是我们今天所看到的神女峰。陪伴她的侍女们，也随之化作了现在的巫山十二峰。岁月悠悠，星移斗转，神女峰默默地面对滚滚长江东逝水,她在想些什么呢?是否挂念着慈爱的父亲炎帝?是否想起淘气的小妹女娃?我们不得而知。

6. 精卫填海

女娃是炎帝最宠爱的小女儿,长得纤弱秀气,性格却很倔强。姐妹们都喜欢梳妆打扮,只有她十分喜爱体育,尤其是水上运动。游泳划船,跳水冲浪,没有一样不钟爱,没有一样不精通。某天清晨,风和日丽,正是出游的好时光。女娃驾着一只小船,在碧波荡漾的东海上漂游。海风微微地吹拂,海浪柔柔地起伏,女娃随着小舟往大洋深处漂去。

年轻单纯的女孩,哪知道世道险恶,仍陶醉在蓝色的温柔里。霎时间,平静的大海变脸了,微笑的太阳不见了,轻轻的海风变得比刀刃还锐利,软软的海浪变得比铁锤还刚硬。女娃凭着高超技艺,劈波斩浪,左避右挡,与大海周旋。时间一分钟、一分钟地过去,一小时、一小时地过去,大海的浪涛越来越高,女娃的力气越来越弱。夜幕降临了,天地间一片黑暗,星星们闭上了眼睛,不忍目睹惨剧的发生。小舟被巨浪碾成了无数的碎片,女娃被漩涡吸入了大海的深渊,喧腾的涛声掩盖住了女娃求救的呼叫,她永远也不能回去见她慈祥的父亲了。炎帝固然哀念他的女儿,却不能用他的光和热来使她死而复生,只好独自伤心落泪。

女娃不甘心就这样死去。几天过后,一只小鸟在女娃淹死的水域破浪而出。花脑袋,白嘴壳,红脚爪,样子有点儿像乌鸦,她的名字叫精卫,是女娃不屈的冤魂所化就。

精卫栖身于布满柘木林的发鸠山上。她恨无情的大海夺去了她年轻的生命，于是她天天从发鸠山衔了小石子或小树枝，展翅高飞，直至东海，把石子或树枝投下去。日复一日，年复一年，不管是赤日炎炎还是雨雪绵绵，不死鸟精卫回翔在波涛汹涌、浩瀚无际的大海上空，投下颗颗碎石、根根断枝。她不间断地叫着"精卫"、"精卫"，以激励自己的斗志。她要以锲而不舍的精神，将东海填平。

东海恼怒了，东海咆哮了，浪涛喧哗，白沫四溅……他露出雪亮的牙齿嘲笑道："小鸟儿，你为什么要把我填平？你为什么恨我这么深？"

天空中传来精卫鸟仇恨的啼鸣："因为你夺走了我年轻的生命，因为你还将夺走千千万万的年轻的生命！"

"算了吧，小鸟儿！你就是填一千年、一万年，也填不平我呀！"东海用轰隆隆的大笑声来掩饰自己的窘态。

"我要填！我要填！我要一千万年、一万万年地填下去，哪怕填到世界末日，宇宙终结！"不死鸟精卫悲愤地呼叫着。

她就这样飞翔着，从发鸠山至东海，循环往复，衔石投石，从不休息。后来，一只海燕飞过东海时无意间看见了精卫，他为她的行为感到困惑不解，但了解了事情的起因之后，海燕为精卫大无畏的精神所打动，就与其结成了夫妻。他们又生出许多小鸟，雌的像精卫，雄的像海燕。小精卫和她们的妈妈一样，也去衔石填海。直到今天，她们还在做着这种工作。

精卫锲而不舍的精神、善良的愿望和宏伟的志向，受到人们的尊敬。晋代诗人陶渊明在诗中写道："精卫衔微木，将以填沧海。刑天舞干戚，猛志固常在。"他把区区精卫小鸟与顶天立地的巨人刑天相提并论，热烈赞扬了精卫小鸟敢于向大海抗争的悲壮的战斗精神。这种悲壮之美，千百年来震撼着人们的心灵。后世人们也常常以"精卫填海"比喻志士仁人所从事的艰巨卓越的事业。

人们同情精卫，钦佩精卫，把她叫做"冤禽"、"誓鸟"、"志鸟"、"帝女雀"，并在东海边上立了个石碑，叫作"精卫誓水处"。

7. 黄帝与炎帝之战

女娃姐妹俩相继物化，她们的父亲炎帝心如刀绞，悲痛万分。他痛恨没有医治好四女儿，后悔没有照顾好小女儿，他是位爱满天下的神，丧女之痛时时刺激着他，提醒他医治世人，照顾世人。

炎帝的大爱赢得了民众的心。他的苗族后代和部属也个个精明强干、敢作敢为。他的势力逐渐自南往北发展，不可避免地与正如日中天、向四周扩张的中央土德之帝——黄帝发生冲突。

黄帝姓姬，与炎帝同族，也是少典氏的后代，母亲名字叫做附宝。附宝结婚以后，很长一段时间没有生育，心里不免焦虑，经常半夜睡不着觉。有一天深夜，久久未能入眠的附宝出门仰视天空，默默向老天祈求祝福，忽然看见一道巨大的电光环绕着北斗七星的第一颗星——天枢星，光华闪耀，色彩夺目，直射而来。附宝一阵眼花，竟然产生感应而怀了孕，两年后生下了黄帝。黄帝十五岁时接受册封，号称有熊氏；又因发明装有轮子的车辆，别号轩辕氏。黄帝有二十五个儿子，十四人获得姓氏，成为姬、酉、祁、己、滕、葴、任、荀、僖、姞、儇、依十二氏族的始祖。

黄帝最初的神职是主管风雨雷电，后来势力扩大，迅速崛起而升任为"中央天帝"。他天生四张面孔，能同时注意东南西北四方动静。天上人间的任何事情，都逃不过他的眼睛。

一次，人面龙身的钟山神之子——鼓，勾结人头马身的凶神——钦䲹，将一个叫做葆江的神诱骗至昆仑山的南坡，杀害了他，并且销毁了尸体，企图掩盖罪行。他们哪里知道，整个谋杀过程全被黄帝清清楚楚地看在眼里。为了伸张正义，黄帝派遣天杀星下凡来到人间，不远千里，捉拿凶手。在钟山东面的瑶崖附近，天杀星追到了那两个凶恶的歹徒，把他们一齐绑到天庭，斩首示众，为可怜的葆江报了仇，雪了恨。

又有一次，有着蛇的身体和人的面容的天神贰负，受到他的家臣危的挑拨，杀害了也是人面蛇身的国主——窫窳。这件事仍然没有逃过黄帝的眼睛。他命令四大神捕逮住了贰负主仆二人。将贰负处以绞刑，把他的尸体抛弃在鬼国东南；用危自己的头发作绳索反绑他的双手，再用镣铐锁住他的右脚，拴在西方疏属山顶的大树上，判了他无期徒刑。

除了四张脸以外，黄帝还有改变相貌的本领。他的整体外形恰好就像一只充满空气的牛皮囊，颜色金黄，隐隐闪烁着红色的光芒；他长有六条腿、四只翅膀，却浑然一体，找不到眼睛和脸庞。黄帝在应该精明的时候，会出现四张面孔、八只眼睛，能清楚地看到秋天鸟兽身上新长出的绒毛，可以说视力好极了；黄帝在应该糊涂的时候，全身上下，根本找不到脸庞和眼睛，像一个怪物那样愚笨，其实聪明绝顶。黄帝的高妙处、厉害处正在于变相混沌这一点，别的神灵是想学也学不来的。

和平相处，友好往来，是上古各族之间相处的基本原则。不过，在各族之间也存在着另一层关系，这就是各族之间的相互讨伐。尽管在各个部落或氏族的聚居地之间往往间隔着中间地带，一般都会和平相处，各不相犯，但是由于每个部落或每个氏族都有他们各自的利益，这就使得各部落、各氏族间的利害关系有时又不得不依靠武力去解决，部落与部落、氏族与氏族之间的冲突或战争也就在所难免了。因此，各个部落或氏族便经常受到相邻部落或相邻氏族的侵犯骚扰，而他们自己也经常侵扰别的部落或氏族。正是在这种历史条件下，黄帝与炎帝之间的战争开始了。黄帝氏族与炎帝氏族相邻，前者居姬水，后者居姜水。当黄帝氏族兴盛强大的时候，正好是炎帝氏族虚弱衰微的时节。也就在这个时候，各诸侯之间相互侵犯讨伐，四处杀害无辜的老百姓。而炎帝对此感到无能为力，黄帝则教会百姓使用刀剑干戈等兵器，用来抵挡那些侵扰他们的人。结果，各个部落氏族都前来朝拜并归服于黄帝。

这一阵子，黄帝朝南的两只眼睛睁得特别大，他要仔细观察炎帝各路人马的虚实，他要找出炎帝致命的弱点。

经过大胆地战略设想，小心谨慎地战术构思，黄帝统率着十万神兵、十万民众、十万鬼卒，挥舞着用天空自由飞翔的鹰、雕、鹫、鸢等凶恶的飞禽的羽毛制作成的旗帜，用将奔跑在原野的虎、豹、熊、罴等猛兽作为图腾的各部落当先头部队，奔赴阪泉的荒郊野外，与严阵以待的炎帝展开了轰轰烈烈的决战。两军交锋，杀声震天，白晃晃的刀剑在阳光的照耀下格外醒目。双方直杀得血流成河，尸体堆积得像小山似的。三场恶战之后，仁厚慈爱的炎帝抵挡不住年富力强、圣明神武的黄帝，一溃千里，退至极南之地、偏僻之乡。

就黄、炎之战的结果来说，黄帝战胜炎帝，成为"中央天帝"，这正是氏族公社向奴隶制国家演变的社会现实的一种曲折反映。战争之后，黄帝部落依然生活在我国北方，炎帝部落被迫向南方和东方转移，与长江流域的苗蛮集团交会，并渐趋融合。

黄帝战胜炎帝成为"中央天帝"，此后，其他天帝不是由黄帝派遣，就是由黄帝后代来担任。比如西方天帝少皞即黄帝的侄孙，而北方天帝颛顼则是黄帝的曾孙。黄帝由一个部族的首领变成所有部族的领袖，成为神国的最高统治者。在这一点上，黄帝与希腊神话传说中高踞于奥林匹斯山的"众神之王"——宙斯多有相似。在希腊神话中，宙斯开始仅是神国里与其他诸神地位平等的一员，后来他采用暴力夺取奥林匹斯的政权，成为至高无上的统治者和人类的主宰。他不但能随心所欲地给天国和人间降祸赐福，而且太阳神阿波罗、智慧女神雅典娜、酒神狄俄尼索斯等也都是他的子女。两相对比，不难发现，东西方两种不同的神话传说同时反映着一个共同的社会现实——氏族公社开始向奴隶制国家演变。

8. 战神蚩尤

阪泉大战，以炎帝败退南方告终，但战争并没有到此结束。炎帝的后代和属下先后奋起抗争，为他们心中的偶像、崇敬的君主复仇，即使死九次都不后悔。

率先兴兵讨伐黄帝的是炎帝的苗族后裔——战神蚩尤。蚩尤善于制作兵器。锐利的长矛，牢固的盾牌，轻巧的刀剑，沉重的斧钺，强劲的弓弩，都出自他的创意。他家兄弟八十一个，个个身高数丈，铜头铁额，四眼六臂，牛腿人身，满口钢牙利齿，每日三餐以铁锭、石块为主要食物，头上长着锋利的双角，耳旁鬓发倒竖，坚硬锐利胜过铁枪铜戟，一头要是撞过来，即使是神鬼也不能抵挡得住。

当初炎帝进军阪泉，蚩尤作为武将随军听用。战事失利后，炎帝的军队全线崩溃，蚩尤不幸被俘，做了黄帝的臣仆。

为了庆祝胜利，黄帝召集天神地祇，在泰山举行盛大的酒会。酒会前隆重的阅兵仪式开始了，黄帝端坐在四头白象牵引的五彩云车里：机警的独脚鸟毕方靠着车前的横木站立；六条金龙翻腾回旋，扬着胡须，亮着利爪，护卫左右；天上凤凰翔舞鸣唱，地下腾蛇蜿蜒前行；车前排列虎豹豺狼，车后跟随牛鬼蛇神；蚩尤开路，走在队伍最前端；身后风伯轻拂微风，雨师飘洒细雨，扫除道路上的尘埃。

壮观的阅兵式赢得满堂喝彩声，黄帝得意非凡。他本来就好面子，令蚩尤开路也只为显示排场，点缀战争的成果，让阅兵仪式有观看的亮点，倒没有什么深意。殊不知战败的英雄、自尊的战神——蚩尤正被羞耻和屈辱深深折磨着。他一面引路，一面暗暗咬紧牙关，发誓道："我一定要回去，我一定要报仇！"

蚩尤在新结交的好朋友风伯、雨师的帮助下，寻找机会，潜逃回南方。他拜见炎帝，说黄帝爱面子，好大喜功，外强中干，劝炎帝要重整旗鼓，再创辉煌。

炎帝斜斜地倚靠着低矮的茶几，半卧半坐，双目微闭，好像睡着了，良久，才缓缓说道："我教百姓耕种，尝草试药，为的是使天下苍生摆脱饥饿与病痛。阪泉之战，生灵十万，都因为我而战死在沙场，与我当初的想法已经背道而驰。我怎么能忍心再次差遣众生去白白送死呢？"说完闭上眼睛，不再言语。

蚩尤虽然费尽口舌，可是炎帝不闻不问，如泥塑木雕一般。蚩尤只得跺跺脚，叹一口气说："也罢！也罢！怕什么艰难险阻，所有的事我自个儿扛吧！"他召集来摩拳擦掌的八十兄弟，收编了山林水泽的魑魅魍魉，又去发动英勇善战的三苗的乡民。三苗的乡民原来是黄帝的后裔，但因为黄帝歧视他们，不把他们与主流后裔同等对待，早已怀恨在心。蚩尤登高一呼，三苗的乡民随即响应。

一切准备就绪，蚩尤就假借炎帝的名号，正式举起反抗大旗，指挥三军，向西北——黄帝在下界的统治中心——昆仑山杀去。

正在昆仑山宫苑里休闲游乐的黄帝，见告急文书像雪片似的飞来，大吃一惊。他知道蚩尤已经潜逃，也知道他日后一定会来复仇，却不料来得这么快，这么凶。他亲笔写下招安书、委任状，火速差遣飞毛腿日夜兼程，赶赴蚩尤的军营投递。谁知蚩尤高傲又固执，竟断然拒绝议和招安，发誓要与黄帝决一高低。

"战争既然不可避免，我只有用战争来消灭战争了！蚩尤是败军之将，逃亡的奴仆，不需要动用多少兵力，一仗就可以捉住他，到时格杀勿论！"黄帝在议会大厅演讲完毕，就任命力牧为前军大将，风后为中军参谋，仅率领近卫军三万人，挥师南下。

此时正值暮春时节，温暖的阳光照得人醺醺欲醉。黄帝率近卫军行到阪泉的牧野，放眼望去：丘陵起伏，斑斓的野花开遍了绿茵茵的山坡，远处有几间茅草屋，徐徐飘动着几缕炊烟，旧战场的痕迹，早已无处寻觅。黄帝故地重游，感慨不禁油然而生。

突然，呼啦啦一阵喧闹声，把黄帝从回忆里惊醒过来。他猛地睁大八只炯炯有神的眼睛：怎么啦？青天白日转瞬间换作了漫天迷雾，七步之外，看不见人影。士兵们四处乱窜，连东西南北都不能分辨清楚。混乱中，惨叫声、兵刃相击声由稀疏逐渐紧密，伏兵趁着浓雾攻上来了。蚩尤兄弟忽隐忽现，横冲直撞；三苗的乡民时出时没，左劈右砍；魑魅魍魉或明火执仗，或暗箭伤人。黄帝的近卫军陷于迷雾当中，晕头转向，被杀得人仰马翻。

原来，蚩尤在这里布下了弥漫百里的云雾大阵，他执意要在黄帝击败过炎帝的地方——阪泉战胜黄帝。

"冲出去啊！"黄帝挺立在战车上，挥动着宝剑，大声呐喊。

"冲出去啊！冲出去啊！"近卫军将士齐声应和着。人在吼叫，马在嘶鸣，谁不想远离这片白茫茫的雾气，谁不想远离恐怖和死亡啊！

冲啊，杀啊，近卫军将士东奔西突，冲杀了老半天，却又回到了原处。茫茫白雾，无穷无尽，好像把整个宇宙全包裹住了。出路在哪儿呢？三天三夜过去了，将士们绝望了，黄帝也绝望了。头颅硕大、身材细小的科研大师风后却好像心事重重，不久顿有所悟道："磁石条在水平安放、转动自由的条件下，静止时，两端肯定指向南北。如果利用磁石的这一特性，发明一种用具，无论怎样转动，它始终指定南方，我们不就可以找到出路了吗？"风后指点军中工匠，造成一辆车子，命名为指南车。车上站一个木人，木人伸一只手，手伸一根指头，随你车儿左旋右转，木人一手一指准准地指着南方。能够辨认南方，其他东、西、北三个方向便也能够辨认了。靠着指南车的引导，黄帝带领近卫军向正北方发起冲锋，突破了大雾的重重围困，摆脱了蚩尤的追杀，扎下营盘，清点人马，损兵折将超过一半。

黄帝喘了口气，还没安定下来，就急忙升帐，发号施令：追风使者速往凶犁土丘召唤应龙；逐电使者速往中央天庭召唤天女魃；十八神行太保奉圣旨分投三界，命天上、人间、幽冥的各路诸侯迅速增援；力牧率五千将士昼夜巡逻，布岗放哨，谨防偷营劫寨；风后领一万兵马挖掘深深的沟渠，形成无法逾越的屏障，修筑高高的城墙，形成戒备森严的壁垒，牢牢防守，等待救援军队的到来。

这次南征，一来蚩尤进攻很快，黄帝仓促迎战；二来黄帝对蚩尤总有点儿轻视，战前的谋划和布置远不如上一次阪泉之战那么周密，而对手却精心准备，以逸待劳。黄帝在这场战争中失利，自在情理中。

9. 双翼应龙与旱神魃

　　熬过了两三天，救援的军队还不见踪影，黄帝免不了焦虑不安，吃不下饭，睡不着觉。有一天，黄帝端坐在中军帐内与风后商讨军机大事，猛然间听得嘹亮的呼哨声，抬头望去，一条生着两扇金色翅膀的神龙驾着祥云飘然而至。"啊！应龙来了！"黄帝大喜，还来不及站直身体，辕门外又连珠般传来"天女魃到"的通报声。

　　天女魃是黄帝的亲女儿，经常穿一身青色的衣服，两三尺的身高，光秃秃的脑袋，或许是太骄傲的缘故吧，两只小眼睛长到了脑门顶端。那还是在很久以前，神、鬼、人大聚会的时候，选举第一届宇宙小姐，结果美神、艳鬼、丽人平分秋色，难分伯仲，她却被公认为宇宙第一丑女。天女魃年纪已经老大不小了，从来没有多事的媒婆上门提亲。她贵为公主，又是十分聪明、极为自负的，怎么会不窝着一肚子火呢？久而久之，那火气越积越多，愈来愈大。她发起火来，热力四射，胜过一座喷涌岩浆的活火山。她无意间练就的火功，却成了黄帝克敌制胜的法宝之一。

　　不过短短几天时间，十八路诸侯陆陆续续地都到齐了。黄帝重整旗鼓，约定蚩尤在冀州之野会战。黄帝私下里盘算：蚩尤虽精通布雾法，但应龙擅长蓄水行雨术，暴雨还怕驱不散浓雾？便发下令箭，命应龙作先锋打头阵。

应龙拍了拍翅膀,飞临两军阵前。蓄水行雨术的架势还没摆好,早已与蚩尤秘密结盟、担任内应的风伯、雨师在黄帝军中一齐发作,刮起一阵折树毁屋的狂风,下起一场倾江倒海的骤雨,将应龙积储的水源消耗个精光。蚩尤趁势把黄帝统领的大军打散。

眼看黄帝的军队将要被打败,天女魃出现了。她瞪圆了一双令人望而生畏的眼睛,头顶的火气直冲青天。顷刻间,狂暴的风雨消逝得无影无踪,天气突然变得干燥炎热,温度急剧上升到三十九摄氏度以上。蚩尤害怕急了,风伯和雨师感到十分惊讶,魑魅魍魉不知该怎么办才好,三苗的乡民一个个呆如木鸡。双翼神龙应龙乘势展翅扑击,十八路诸侯层层叠叠围杀过来,蚩尤的军队被打得一败涂地,蚩尤只好带着残兵败将向南方逃命。

天女魃运用火功旱气,帮助父亲黄帝反败为胜,取得了冀州战役的胜利。但不知是由于用力过猛脱了力,还是由于沾染了魑魅魍魉的邪气,天女魃再也不能够飞上天庭,不得已只好留在人间居住。因为她火气太盛,又是干旱之神,凡是她居住的地方,没有涓涓细流和半滴雨水,老百姓根本无法耕种。后来,小农神后稷的侄儿——首次提倡牛耕的叔均将这件事向黄帝作了汇报,黄帝便把天女魃迁往赤水以北的偏远处——系昆山共工台。天女魃不愿意居住在偏僻荒凉的地方,时常逃出来。农民们怕她带来旱灾,就挖通沟渠,清除河道,大声吆喝着驱赶她:"旱神快回赤水之北!"

10. 黄帝大战蚩尤

冀州之战过后,黄帝与蚩尤又打了十多仗,互有胜负。

双方势均力敌，战争旷日持久。黄帝一时找不到快速击垮蚩尤的办法，干脆把军队暂时交给力牧指挥，自己带着风后等一大群谋士上泰山开研讨会，筹划对付蚩尤的方法。夕阳西下，开了一整天会议的黄帝在松林间的小路上散步，看见一位人首鸟身的妇女含笑走来。黄帝暗地里想：泰山周围有重兵守卫，这妇人怎么上得来呢？她必是神通广大的天外来客。于是他大步迎上去行礼，那妇人笑眯眯地说道："我是九天玄女，特意来教你兵法。"黄帝喜出望外，拱手作揖，忙不迭地问："九天玄女，我想知道怎样才能攻得上，守得住，战万回，胜万回。你能告诉我吗？"九天玄女微微点了点头，一五一十地把种种神奇奥妙的兵法传授给黄帝。

　　黄帝学会了九天玄女的兵法，此后不久又得到一柄用昆吾山赤铜铸造的青锋宝剑，他还要用夔的皮来蒙成一面惊心动魄的战鼓。九天玄女兵法、昆吾青锋宝剑、夔皮战鼓三者如若备齐，彻底铲除蚩尤的军队也就指日可待了。

　　夔与世无争地生活在东海里的流波山上。流波山离东海岸有七千里的路程。夔的外形体貌酷似牛，身体是苍灰色的，只有一条腿，头上长着锋利的双角。它目光如日月辉映，声音似雷霆轰鸣。每当它出入海水，必定伴随着大雨大风。洪亮的嗓音给夔带来了杀身之祸。黄帝派他的儿子东海神——禺号将夔捕捉过来，剥下它的皮晾干，制成了一面战鼓。

　　好鼓要用好槌来配，黄帝又在雷泽中的雷神身上打起了主意。雷神长着人的头和龙的身子，常在雷泽里面快快活活地拍打自己的大肚子玩耍。他每拍一下肚子，便放出一个响雷。从前华胥氏在雷泽边踩着了巨大的足迹，由于感应而怀上了身孕，生下了据说是女娲之兄的东方木德之帝——伏羲，那个足迹就是雷神留下的。这下雷神也在劫难逃了。黄帝组织了一支扫"雷"队伍连夜奔走，袭击雷泽，把雷神不由分说地抓来杀掉了，抽出他的两根大腿骨当作鼓槌。

战鼓有了，鼓槌也有了。黄帝用雷神骨头做的鼓槌来敲打夔皮蒙制的战鼓，两件响东西碰在一起，发出的声音响彻云霄，五百里以内震耳欲聋。

黄帝走下泰山，返回军营，吩咐力牧率领小部分军队牵制蚩尤，自己则依照九天玄女传授的兵法重新训练部队。等到将士们把各套阵势都演练得相当精熟了，就部署十八路人马和近卫军，摆下十面埋伏的阵势。黄帝腰间佩带着昆吾宝剑站在阵势中央的山坡顶端。在他身后，打鼓者——铁胳膊手持雷神骨槌，面无表情地肃立在夔皮鼓旁边。

先前黄帝上泰山开会，力牧代掌兵权与蚩尤作战，失败的次数远远多于赢的次数。力牧竭尽全力，严防死守，尚且才能苦苦支撑到现在；自从率领小部分军队以来，又和蚩尤打了九次仗，败了九次，部下士兵只剩下数十人了。正当力牧彷徨没有办法的时候，黄帝的信使——扑天雕忽然飞到他面前，尖尖的鸟嘴插入力牧耳孔如此这般说了一番。力牧十分喜悦，遵照黄帝密旨率领残余部队向蚩尤挑战，故意装出一打起来就败逃的样子，引着蚩尤的大部队绕来绕去，向黄帝事先布好的十面埋伏的方阵一路行来。

黄帝在山坡上，看见蚩尤的军队全都进入自己的包围圈后，立刻命令擂鼓手擂鼓助威。铁胳膊抬起手臂奋力猛击，雷神骨槌和夔皮鼓果然不同凡响。三通鼓声之后，三苗的民众面无人色；六通鼓声之后，魑魅魍魉魂飞魄散；九通鼓声结束，蚩尤兄弟双手颤抖，两脚麻木得不听使唤，没有办法跳跃飞腾。黄帝的将士们在鼓声的激励下士气大振，蜂拥而上，争先杀敌。黄帝将昆吾剑使得像车轮儿一样飞旋，青色剑锋喷射出红色的光焰，削落蚩尤兄弟的铁额铜头，轻巧得如同切菜砍瓜。应龙展开一对金色翅膀翱翔空中，张牙舞爪，嘎嘎怪叫着，在它投下的快速移动的庞大阴影里，堆满了魑魅魍魉、三苗民众破碎的尸体和脑袋。

奇异的夔皮鼓声大大削弱了蚩尤军队的战斗力，激烈的战斗很快就演变成残酷的屠杀。傍晚时分，蚩尤全军覆没。只剩他孤身浴血奋战，冲出重围向南逃去，恰巧遇到应龙的拦截。蚩尤奋力一跃，猛地一头撞去，只听得一声巨响，那应龙跌落在尘埃之中。蚩尤逃至黎山的山顶，已精疲力竭，还没来得及喘口气，黄帝手下的五虎将、八骠骑纷纷追杀过来。大家一齐抛出挠钩，把他拖翻在地，用一条铁索牢牢绑住了蚩尤。黄帝害怕时间长了再生变故，于是传下旨意，把蚩尤就地处决，斩首示众。

黄帝为了预防蚩尤日后成精作怪，再起兵惹来麻烦，就将他的身体和脑袋分别埋葬在两个地方：一处在东平郡寿张县阚乡城，坟墓有七丈多高，平时常有红色的云气从坟内直冲天空，外形好似一匹绛红色的锦帛，当地人把它叫做"蚩尤旗"；另一处在山阳郡巨野县重聚乡，坟墩大小和阚乡城的差不多。因为蚩尤身体和脑袋分离，所以斩首的那个地方取名叫"解"。直到如今，解州还有口大盐池，池里的卤水是殷红的，老乡们称呼它为"蚩尤血"。黄帝杀害蚩尤时怕他挣脱铁索，不敢卸去手铐脚镣，直到蚩尤死透了才摘下沾满血迹的枷锁手铐，并将其丢弃在大荒之中的宋山上。后来据说枷锁手铐长成一大片枫林，枷锁手铐上的斑斑血迹化作了鲜红如血的枫叶。

而那跌落在尘埃里的应龙负了重伤，再也无力振翅高飞，回归那美好的天堂。于是它悄然来到南方，隐居在山林沼泽里。因为龙属水性，所以在它居住的地方，云气水分自然而然汇聚而来，这就是南方后来多雨的缘故。许多年以后，应龙再一次复出，帮助大禹探水脉，开江河，也成为治水功臣中的重要一员。

【附黄帝蚩尤之战的双方对阵表】

黄帝方：

黄帝——中央天帝，号轩辕氏；操纵云雨雷电，发明战车（得名轩辕）

天女魃——黄帝的女儿，极丑（秃头，两眼在头顶上）；制造旱热

应龙——长翅膀的神龙，黄帝属神；龙吟，降雨

风后——黄帝的谋臣；发明指南车

九天玄女——西王母派来帮助黄帝的神女；传给黄帝《玄女战法》

夔鼓——黄帝用夔的皮做的鼓，用雷兽的骨头敲击；惊吓蚩尤及其兄弟，使他们不能腾飞

蚩尤方：

蚩尤——九黎族首领，炎帝属神；巨人，长角，铁臂铜

头,以沙石为粮,会法术,会飞行(蚩尤的本义是一种恐怖的毛虫)

蚩尤兄弟——共八十人;同蚩尤

风伯——蚩尤属神,好友,原为黄帝属下;呼风

雨师——同风伯;唤雨

夸父族人——蚩尤中途请来的帮手;巨人

苗民——受到黄帝的不公待遇而奋起斗争,神之子民(原是黄帝子民)

魑魅魍魉——不满黄帝统治的鬼怪;魅惑人,但害怕龙吟

11. 无头巨人刑天

蚩尤惨死的消息传到了南方的天庭,炎帝抑制不住淌下了两行凄清的泪水。炎帝的眼泪本为蚩尤而流,无意中却激起了一位巨人的雄心。这个巨人是炎帝的武臣。他酷爱音乐,曾创作《扶犁曲》、《丰年词》为炎帝祝寿。炎、黄大战时,他一直在南方留守。

蚩尤率领军队北上讨伐黄帝时,他很想跟随过去,只是被炎帝制止了。此刻,听到蚩尤的死讯,看到炎帝的老泪,他再也按捺不住那颗悲愤的心,冥冥中好像有声音在回荡,召唤他去北方,去找黄帝决一死战。

那巨人左手持着盾牌,右手提着战斧,悄悄离开了南方的天庭,踏上了不归路。他知道,路途的尽头就是生命的尽头,但他义无反顾。他要用勇气和热血向天地间的一切证明:炎帝是不可侮辱的,炎帝的后代和部属是不可侮辱的。

巨人孤身一人，日夜兼程，行走了上千里。他一路拼杀，势如破竹，锐不可当，黄帝的将士们节节败退。巨人直接杀到"中央天庭"的南天门外，指名道姓，要与黄帝单挑独斗。黄帝暗自心想：炎帝的部下，个个性格孤傲、难以驯服，这个人单枪匹马闯过数道关卡，尤其大胆，如果不立刻斩首树立威信，恐怕要想南方向自己俯首称臣是不可能的了。于是他亲自出马，舞动昆吾宝剑来和巨人决斗。两个人在云端里剑斧交加，各自拿出平生的本事做赌注。剑起如闪电破空，天空为之变色；斧落似流星坠毁，大地为之动摇。他们从天庭杀到凡界，又一路杀至西方常羊山，大战了三百个回合，也分不出胜负。黄帝一时间赢不了那巨人，急中生智，朝巨人身后瞪了一眼，大声呵斥道："五虎将还不上来拿下这个人！"巨人顿时一惊，心神稍微分散，手中的战斧略松了一松。说时迟，那时快，黄帝的昆吾宝剑已削在他的脖子上，轰的一声巨响，硕大的头颅落地，把坚硬的山地砸出了个大坑。

巨人一摸颈上没了头颅，心中很是慌张，急忙放下斧头和盾牌，弯腰伸手，往地上乱摸。那高挺的大树、突兀的岩石，在那双巨手的触摸下折断了、崩裂了，直弄得尘土飞扬，木石横飞。黄帝怕巨人摸着了头颅接上，赶紧手起剑落，将常羊山一劈为二，那头颅骨碌碌滚入山内，大山又合二为一。

黄帝得胜回朝了。摸不到头颅的巨人捡起斧头和盾牌，又一次挺身直立，他有了一个新的名字——刑天。刑的意思是斩杀，天的意思是头颅。刑天不甘心就这样落败，他还有足够的勇，足够的力，他只不过被阴谋的剑砍去了头颅。刑天赤裸了上身，把两只乳头当作眼睛，把肚脐当作嘴巴。他的双乳似乎冒出了凶光，他的肚脐似乎唱起了战歌，他挥舞着盾牌，抡圆了战斧，与看不见的敌人作殊死拼杀，在无物之阵中战斗不息。

12. 黄帝主宰宇宙

　　黄帝战胜了炎帝的大军，杀死了蚩尤，斩落了刑天的头颅，又东讨西伐，南征北战，消灭了数十股大大小小的武装反抗力量，统一了宇宙，做了主宰神。黄帝坐镇宇宙中央，拜风后为丞相，力牧为大将军，直接管理中部八十一个诸侯国。东方三十六国历来由东方木德之帝伏羲掌管。伏羲是创制八卦、结网渔猎、畜牧及烹饪的神仙，与黄帝一向相安无事。南方火德之帝炎帝兵败南撤，用兽面人身、乘双龙飞行的火神祝融作为自己的辅佐大臣，管理南方三十六国，休养生息，深受民众爱戴，实力不可小瞧，很难使别人取而代之。况且，黄帝也明白炎帝早已没有了争夺宇宙统治权的野心。西方和北方尚缺主管，黄帝决定封侄孙少皞为西方金德之帝，统治管理西方三十六国；封曾孙颛顼为北方水德之帝，统治管理北方三十六国。

　　分封毕东、南、西、北四方大神，黄帝接下来委派人面鸟身、耳垂两条黄蛇、脚踩两条黄蛇的禺䝞任东海王，禺䝞之子禺京任北海王，同为人头鸟身、耳垂青蛇、脚踩赤蛇的不廷胡余和弇兹分别担任南海王和西海王。东海之中的度朔山上有一株大桃树，枝干盘曲绵延，覆盖三千多里。桃树的东北方是鬼众出入阴阳界的鬼门关。神荼、郁垒住在桃树上面，稽查进进出出的群鬼。如果遇见恶鬼为非作歹，就用芦苇索子捆了去喂老虎。黄帝委任神荼、郁垒做鬼头子，监察、统领天下万鬼；又教导民间，在大门上悬挂绘有神荼、郁垒像的桃木板和芦苇索子，以象征之物避邪镇恶。这样，神荼、郁垒就成了门神。

每一座高山都设立了山神，每一条大河都设立了河伯。那终年不见阳光的北极，仍由从天地开辟以来就居住在此的钟山之神烛阴把守。烛阴长着人的面孔，红皮肤，一条腿，身体连绵宛如大蛇，脚有一千里长。他平日不喝水，不吃饭，不呼吸。嘘冷气即寒风阵阵，这时为冬季；呼热气即热浪滚滚，这时为夏天。他半年睡觉，半年醒着。醒来睁开眼，幽暗阴冷的北极便光明如白天；睡时闭上眼，四周便一片黑暗。

三界四方的新秩序建立起来了。黄帝非常高兴，嘱咐乐官伶伦作了一部威武雄壮的庆功乐曲《棡鼓曲》。这部乐曲共分十章，有《惊雷震》、《灵夔吼》、《猛虎骇》、《雕鹗争》等，演奏时配以特制的大鼓、金钲，气势磅礴。在铿锵的鼓声、钲声里，舞师们唱着凯歌，跳着劲舞。黄帝坐在殿上观舞听曲，接受来自四面八方、天上人间的神、鬼、人、兽的朝贺，一时眉开眼笑，有了进一步管理好宇宙的宏伟志向。

13. 智多星与糊涂神

黄帝大部分时间在天国中央办公，空闲的时候常喜欢到设在凡界的帝都——昆仑山度假。昆仑山方圆八百里，高八千丈，是黄河、赤水、黑水、青水、洋水、弱水的发源地。昆仑山顶有一座巍峨壮丽的宫殿。这宫殿由五座城、十二栋楼组合而成，四周围绕着白玉栏杆。宫中绿化地里长着一株高四丈的红高粱。高粱的东面植沙棠树、琅玕树，西面植珠树、璇树，南面植绛树、珊瑚树，北面植瑶树、碧树。所有的树结出的果子都是琼瑶美玉。宫殿正门叫做开明门，朝向正东，每天清晨最早迎接旭日东升。守护宫门的是一条开明兽，它的身子如老虎般大，颈上有九颗人头，每颗人头的相貌各不相同。赤色的凤凰在宫内穿梭飞翔，它们替黄帝保管用具和衣裳。帝宫的总管是人面虎躯、长着虎爪和九条尾巴的昆仑山神，名叫陆吾，也叫肩吾。

从昆仑山往东北走四百里就到了槐江山。槐江山是黄帝在凡间的御花园。它的海拔极高，好像挂在天上云间，因此取名为悬圃。悬圃的总管是人头马身的槐江山神——英招。他的身上有老虎似的花纹，肩部插着鸟一样的翅膀。黄帝最喜欢夜间站在悬圃向西南远远眺望，欣赏昆仑山上光华灿烂、云气缭绕的不夜城景色。

春暖花开时节，黄帝终于有了一段空闲时间，于是率领大批随从去昆仑山游玩，却在游玩中不小心丢失了一颗又黑又亮的宝珠。这颗宝珠是黄帝的第一夫人、蚕丝神——嫘祖当初赠给他的定情信物，黄帝十分珍惜，因而分外焦急。他赶紧派智多星——知去寻找，知忙了大半天，显示不出半点智能，空手而归；黄帝再派千里眼——离朱去寻找，离朱忙了半天，一点也没能显露出眼睛的威力，也空手而归；第三次派通天手——喫诟去寻找，喫诟忙了好半天，摸索来摸索去,还是空手而归。黄帝顿时没了主意,心烦意乱之中脱口而出,派出了糊涂神——罔象。罔象接受了黄帝的命令,漫不经心地信步走到赤水岸边,用恍恍惚惚的眼神向周围略微一晃,那又黑又亮的宝珠,正静悄悄地躺在草丛里呢。罔象弯了弯腰,从草丛里拾起宝珠,大大咧咧地往宽袍大袖里一扔,摇摇晃晃地走了回来。黄帝看

见糊涂神一会儿便把宝珠找了回来,十分惊奇,感叹道:"奇怪啊!足智多谋的知、眼疾手快的离朱、喫诟都找不着,糊涂神罔象倒轻而易举地寻到了呀!"于是就将宝珠交给罔象保管。

　　糊涂神罔象接过宝珠,仍旧大大咧咧地往宽袍大袖里一扔,照样漫不经心,东逛西荡。这件事情辗转传到震蒙氏女儿的耳朵里,她立即起了贪念,不费吹灰之力,就偷走了罔象身上的宝珠。黄帝听说这个消息,立刻命令四大神捕追捕案犯。到处都是侦查的骑兵,震蒙氏女儿走投无路,吞下了珠子,跳入汶川自尽,变成了马头龙身的汶川神,名叫奇相。后来大禹治水,奇相曾运用由于吞宝珠而修炼得来的神通予以协助。乡人感念她的功德,在川西平原上替她建造了座江渎庙。

14. 百鸟之王少皞

黄帝主宰了整个宇宙，坐镇中央。东、南、西、北四方，转交给了伏羲、炎帝、少皞、颛顼统治管理。少皞的母亲皇娥原来是天上的织女。她在宝玉砌成的宫殿里纺纱织布，往往要忙碌到深夜，她编织出来的锦丝绸缎，就是那天空中流光溢彩的云霞。皇娥疲倦时，常常轻摇着小木筏，在银河里徜徉休息。有一天，皇娥沿着银河逆流而上，驶往银河的源头——西海边的穷桑。穷桑是一棵八百丈高的大桑树，它一万年才结一次果实，结出的桑椹果色泽鲜紫，香气从远处扑鼻而来，吃了可以与天地同寿，长生不老。穷桑树下、银河岸边，一位容貌超尘绝俗的翩翩少年在来回走动。这翩翩少年不是别人，正是黄帝的同胞兄弟、西方白帝的儿子——金星，也就是那颗每天凌晨在东方天空闪闪发光的启明星。这少年与皇娥一见钟情，私下许下了相伴终身的约定。他俩用桂木做桅杆，用香草做旗帜，又雕刻了一只玉鸠鸟放在桅杆顶端辨别风向。在随风漂流的小木筏上，少年如行云流水般弹奏起桐峰梓瑟，皇娥应和着琴声唱起了缠绵的情歌。皇娥刚唱完，少年又跟着轻轻地唱和。两人相依相偎，一唱一和，十分快乐，忘记了时间和空间。一年以后，少皞诞生了，他就是皇娥和少年爱情的结晶。

少皞又称穷桑氏、金天氏，名字叫挚，本来的相貌是一只金雕。他起初在东海外几万里远的海岛上建立了一个鸟的王国，文武百官全是各种各样的飞禽。凤凰通晓天时，负责颁布历法；鱼鹰强悍有序，主管军机大事；鹁鸪孝敬父母，主管道德风化；布谷鸟调配合理，主管水利及营建工程；苍鹰威严公正，主管刑法案件；斑鸠热心周到，主管修修补补等杂务；五种野鸡分管木工、金工、陶工、皮工、染工；九种扈鸟分管农业上的耕种、收获等事项。

少皞在东方鸟国当统治者时，他的侄儿、也就是黄帝的曾孙——颛顼曾经来探访过。少皞特别喜欢这个侄儿。为了培养他的执政能力，特意让他协助执政事务；还亲自制作琴瑟等乐器，教他弹唱。颛顼长大后，回到自己受封的领地去了。少皞看着眼前的事物，触动了悲伤的情怀，便把琴瑟一股脑抛到海底的深沟里去了。听长年航海的水手说，风清月明、碧海无波的静夜，从大海深处偶尔会传出阵阵悠扬悦耳的琴声，那就是少皞的琴瑟在鸣唱呢。

黄帝封少皞为西方金德之帝后，少皞告别他的百鸟王国，留下了人面鸟身的大儿子——木神勾芒做东方木德之帝伏羲的属神，自己带着人面虎爪、全身上下长满白毛、手持大斧、身乘双龙的小儿子——金神蓐收回归到他诞生的故乡。

少皞住在长留山，蓐收住在泑山。父子俩名义上管理着西方三十六国，实际工作却很轻闲，只是在每天傍晚观察西落的太阳反射到东边的光辉是否正常。

15. 继位的帝颛顼及其鬼儿子、兽儿子

黄帝晚年，请仙人广成子、容成公做自己的老师，用顺其自然的方法，使天界、神界和凡界社会安定，政通人和。黄帝统治宇宙大功告成，名声显赫，于是产生退隐山林的想法。他派遣差役开采首山的铜矿，在荆山下铸造宝鼎。在宝

鼎铸造成功的那一天，天外飞来一条巨龙，垂下龙须相迎。黄帝将主宰神的宝座传给了他认为最能干的曾孙——颛顼，自己乘龙飞往九重天外，随他同行的朝中大臣、后宫夫人共有七十多位。其余的大臣攀着龙须还想爬上去，结果龙须被扯断，纷纷跌下来。跌落的大臣们望着远去的黄帝哭了七天七夜，流下的眼泪淹没了宝鼎，汇成了一个大湖泊，后人称这个湖为鼎湖。

继位的帝颛顼就是北方水德之帝。他的爷爷是黄帝和嫘祖的二儿子昌意。昌意由于在天庭犯了过错，被降职流放到凡界的若水，生下了韩流。韩流的模样与众不同，着实古怪：细长的脖子，小小的耳朵，普通人的脸，一张猪的嘴巴，麒麟一样的身躯，双腿并在一块儿，下面长着一对猪蹄。韩流娶了淖子氏的女儿阿女为妻，生下了帝颛顼。帝颛顼的长相，与他的父亲大体相似。

帝颛顼从小就受叔父少皞的熏陶和影响，特别爱好音乐。他听到八方来风掠过大地发出熙熙凄凄锵锵的声音，十分悦耳，便让八条飞龙仿效风声长时间吟咏，并将其命名为《承云曲》，专门用来纪念黄帝。他又突发奇想，命令扬子鳄做音乐的倡导者。扬子鳄鸣叫的声音就如同战鼓，背上披有坚厚的鳞甲，成天躺在池沼底部的洞穴内睡大觉，对音乐一直以来就不熟悉。这次受了主宰神的委派，怎敢有半点疏忽，无奈只得乖乖地翻转笨重的身躯仰卧，挥动粗大的尾巴敲打鼓凸的灰肚皮，果然嘭嘭作响，声音嘹亮。人间受到帝颛顼的影响，用扬子鳄的皮来蒙鼓，这种鼓很贵重，叫鼍鼓。

刚登上主宰神位的帝颛顼，所做的第一件大事是将原本不停运转的太阳、月亮和星星都牢牢拴在天空的北边，固定在北方上空。这么一来，他的根据地北方三十六国永远光辉灿烂；相反，东、南、西方各个诸侯国就永远漆黑一团，百姓们伸手不见五指，生活异常不便。

帝颛顼所做的第二件大事是隔绝天和地的通途。在他执掌三界大权之前，天与地虽然已经分开，但距离较近，并且还有天梯相通，这天梯就是各地的高山与大树。天梯原来是为那些神、仙、巫而设置的，人间的智者和勇士也能凭着自己的聪明才智和勇敢胆识攀登天梯，直接到达天庭。那时候，凡人有了冤屈受苦的事情，可以直接到天上去向天帝申诉，神也可以随便到凡界游山玩水，人与神的界限不是很明确的。帝颛顼继承黄帝做了主宰神后，从蚩尤领导苗民造反的事件中吸取教训。他考虑到人神不分地混居，害处多而好处少，很难保证将来没有第二个蚩尤下凡煽动世人上天与他作对。于是，他命令孙儿重和黎去把天地的通路截断，让人上不了天，神下不了地。大家虽然丧失了自由往来的便利，却能维持宇宙秩序，保证安全。

大力神——重和黎接到帝颛顼的旨意后，运足了力气，一个两手托天，一个双掌按地，吆喝一声，一齐发力，托天的尽力往上举，按地的拼命向下压。天渐渐更往上升，地渐渐更向下沉。本来相隔不远的天地就变成现在这样子，遥遥而不可即了，高山和大树再也起不到天梯的作用了。从此，托天的重专门管理天，按地的黎专门管理地。黎到了地上还生下个名叫噎的儿子。噎住在大荒西极日月山上，这座山就是天门的转轴。他的职责是帮助父亲考察日月星辰运行的先后次序。

　　自从截断了天和地的交通，天上的神还能腾云驾雾偷偷下到凡界，而地上的人却再也无法登上天庭。人、神之间的距离，一下子被拉得很远很远。神高高在上，享受着人类的祭祀祝福；而人有了病痛和灾难，却上天无路，神也完全可以不闻不问，任人类受苦受难。

　　帝颛顼自己作威作福，还生出了许多鬼儿子危害人类：他三个死掉的儿子，一个变为疟鬼潜伏在长江，传染疟疾病菌，害得人发寒热、打摆子；一个变为貌似童子的魍魉隐居在若水，夜间施展迷惑人的鬼蜮伎俩，引诱行人失足坠河；一个变为小儿鬼躲藏在人家的屋角，暗中惊吓小孩，使之痉挛、哭号。另有一个儿子骨瘦如柴，生来爱穿破衣烂衫，爱吃稀粥剩饭，正月三十死在简陋的巷子，成了穷鬼。凡人最怕穷鬼上门，千方百计要送走他。送穷鬼的日子在农历正月廿九。常见的方式是打扫屋子院落，把扫出来的垃圾当作穷鬼，有的投入水里，有的倾倒街头，有的还在垃圾堆上插炷香，放三个花炮，俗称"崩穷鬼"。唐朝文人韩愈曾作《送穷文》说："三揖穷鬼而告之曰：'闻子行有日矣。'"

　　有一只名叫梼杌的怪兽，也是帝颛顼的儿子。它长着人的面孔、老虎的身躯和利爪、野猪的嘴巴和獠牙，它披着三尺多长的狗毛，尾巴足有一丈八尺长。它在西方的荒野里横行霸道，过路人一提起来就惊慌失色。

　　帝颛顼和他的鬼儿子、兽儿子们，再加上一大批兴妖作怪、招灾引祸的山精水怪，把黄帝留下来的太平盛世搅得乱七八糟。不过短短几年工夫,就爆发了以水神共工为首的天神大起义。

16. 共工撞断天柱

水神共工是炎帝的后代,与黄帝的家族本来就有很深的矛盾。帝颛顼掌管宇宙统治权后,不仅一点也不怜惜人类,同时还用强大的权力压制其他派系的天神,以至于天上人间到处是一片埋怨声。共工见时机已经成熟,便召集心怀不满的天神们,决心推翻帝颛顼的统治,夺取主宰天地的神位。反叛的各路天神推选共工为盟主,组建成一支精锐军队,骑着战马,拿着短刀,突然袭击天国京都。

帝颛顼听说这件事后,倒也不怎么惊惶。他一面派人点燃七十二座烽火台,号召四方的诸侯快速赶来支援;一面点齐护卫京都的兵马军队,亲自挂帅,前去迎战共工。

一场既残酷又壮烈的战斗展开了。两队人马从天上拼杀到人间,再从人间厮杀到天上。几个来回过去,帝颛顼的部下越聚越多:人形虎尾的泰逢驾驭着万道祥光由和山赶到了;龙头人身的计蒙挟卷着暴风骤雨由光山赶来了;长着两个蜂窝脑袋的骄虫领着毒蜂毒蝎由平逢山飞速赶来。共工的部队则越杀越少:据比的脖子被砍得只连一层皮,披头散发,一只断臂也不知丢到哪儿去了;王子夜的双手双脚、头颅胸腹甚至牙齿全被帝颛顼的部下砍断,七零八落地散了一地。

共工一路败退,辗转杀到西北方的不周山下,身边仅剩下十三个骑兵。他站在高处,抬眼望去,不周山奇险突兀,顶天立地,挡住了逃亡的去路。他知道,这座山其实是一根支撑天的大柱子,也是帝颛顼维持宇宙统治的主要屏障之一。此时身后喊杀声、劝降声接连传来,天罗地网已经布下。共工在绝望中发出了愤怒的呐喊,他一个狮子甩头,朝着不周山拼命撞去,只听得轰隆隆、哗啦啦一阵巨响,那撑天拄地的不周山竟然被他拦腰撞断,坍塌下来。

天柱既然已经折断,整个宇宙便也随之发生了巨大变动:一方面,西北的天空因失去支撑而向下倾斜,使拴系在北方天顶的太阳、月亮和星星在原来位置上再也站不住脚,身不由己地挣脱束缚,朝低斜的西天滑去,形成了我们今天所看见的日月星辰的运行线路,解除了当时人们所遭受的白天永远是白天,黑夜永远是黑夜的困苦;另一方面,悬吊在大地东南角的巨绳被剧烈的震动崩断了,东南大地塌陷下去,形成了我们今天所看见的西北高、东南低的地势,这也是我们今天江河东流、百川到海的情景形成的缘由。

17. 新任主宰神——帝喾

或许由于共工怒触不周山,被山崩震伤了心肺,或许由于统治体系遭到了严重破坏,不久,帝颛顼撒手离开了人世,与他的九名妻子一起埋葬在北方大荒中的附禺山上。坟丘方圆三百里。当北风吹得泉水涌溢时,有一条蛇会变成半枯的鱼,帝颛顼的魂魄就趁此机会附在鱼的身上复活了。复活的帝颛顼半边是人,半边是鱼,

人称"鱼妇"。当泉水恢复平静时,鱼儿又再一次化为蛇,帝颛顼又魂飞魄散,不知去向了。

代替帝颛顼行使主宰神职权的是其堂兄弟帝喾。帝喾又名帝俊。他的父亲叫蟜极,祖父叫玄嚣。玄嚣是黄帝和嫘祖的大儿子。

帝喾娶了四个人间女子为妻:娶于有邰氏的女子姜原,因无意践踏巨人留下的脚印,受到感应而怀孕,产下周族始祖——后稷,后稷的第十六代后人周武王建立了周朝;娶于有娀氏的女子简狄因吞下燕子蛋而怀胎,产下高族始祖契,契的第十四代后人成汤建立了商朝;娶于陈丰氏的女子庆都生下了尧;娶于娵訾氏的女子常仪生下了挚。

帝喾在天上也有两位妻子:一位是太阳女神羲和,一位是月亮女神常羲。常羲替他生了十二个月亮女儿,羲和替他生了十个太阳儿子。

太阳女神的儿子们住在东方海外的汤谷。汤谷是东洋大海中的一块水域,因太阳天天在此洗浴而滚热,就像沸汤一样,因此得名。汤谷内有一株同根偶生、两干互相依偎的扶桑树。十个太阳九个泡在树下水里,一个在树上休息。他们轮流上岗,一个回来了,另一个才出去。所以太阳共有十个,每天和人们见面的却只有一个。

每次出勤,都是由太阳女神羲和驾驭六条蛟龙牵引的太阳车,载着太阳儿子由东向西运行。当太阳在汤谷里洗完了澡,升上扶桑树时,叫做晨明;升至扶桑树顶,登上妈妈预备好的太阳车,将要出发时,叫做朏明;行至曲阿,叫做旦明;行至曾泉,叫做早食;以后每经过一个重要地方,都有一个代表时间的名目。羲和一直将儿子送到悲泉,剩下的一小段路要让太阳自己行走了。可是妈妈总不放心,一定要坐在车上,看着心爱的儿子走向虞渊,进入蒙谷,等到最后几缕阳光洒上了蒙谷水滨的桑树梢、榆树梢时,她才驾驭空车,伴着清凉的夜风,穿过繁星和浮云,回归东方的汤谷,准备护送第二天出勤的儿子,再开始新一天的行程。

十个太阳儿子,天天由妈妈护送,按照严格规定的路线和程序,依次上天值勤。这时,庆都的儿子尧长大了。他讲究仁义,品德端正,就像上天安排的一样;他聪明伶俐、反应敏捷,就像神仙一样能预知未来。帝喾于是将人间的统治权传给了尧,让他做人类的帝王。

18. 夸父追日

远古时代,在我国北部,有一座巍峨雄伟的成都载天山。山上住着一个巨人氏族叫夸父族,夸父族的首领叫做夸父。他身材高大,就像耸立的山峦;他力大无穷,意志坚定,气概非凡。那时候,整个世界荒凉落后,毒蛇猛兽横行,人们生活凄苦。夸父为了本部落的人能够活下去,每天都率领众人跟洪水猛兽搏斗。夸父常常将捉到的凶恶的黄蛇挂在自己的两只耳朵上作为装饰,并引以为荣。

有一年,天大旱。火一样的太阳烤焦了地上的庄稼,晒干了河里的流水。人们热得难受，实在无法生活。见到这种情景，富于幻想的夸父想到几个有关太阳的大问题：其一，太阳落入蒙谷，黑夜便要降临，我热爱光明，憎恶黑暗，我要去追赶太阳，让他永驻天空；其二，太阳的圆脸上，沾染了不少黑斑，我希望太阳更明媚、更透亮，我要去追赶太阳，请他揩干净脸盘；其三，太阳在夏天喷吐了过多的光和热，到了冬天势必缺乏能量，我喜欢四季如春，不要酷暑，也不要严寒，我要去追赶太阳，劝他平均分配热能。夸父想着想着，提起木杖，撒开两条长腿，就朝太阳追去。

太阳坐在车上悠然西行，猛然间看见一个巨人像一座大山一样压来，不由得惊呼："妈呀！快跑，巨人来啦！"羲和在空中炸雷似的甩了个响鞭，六条蛟龙抖擞精神，风驰电掣般朝前飞蹿。

太阳在蛟龙的帮助下凌空飞转，夸父在地上疾风一样地追。夸父不停地追呀追，饿了，摘个野果充饥；渴了，捧口河水解渴；累了，也仅仅打个盹。他心里一直在鼓励自己："快了，就要追上太阳了，人们的生活就会幸福了。"他追了九天九夜，离太阳越来越近，红彤彤、热辣辣的太阳就在他自己的头上啦。

夸父又跨过了一座座高山，穿过了一条条大河，终于在禺谷就要追上太阳了。这时，夸父心里兴奋极了，大吼一声："我看你往哪里跑！"可就在他伸手要捉住太阳的时候，由于过度激动，加上心力交瘁，突然，夸父感到头昏眼花，竟晕过去了。等他醒来时，太阳早已不见了踪影。

夸父依然不气馁，他鼓足全身的力气，继续追赶。脚一用劲,已跨越千山万水。

龙车载着太阳奔驰到悲泉,太阳一滚而下直达虞渊。这时,夸父已跨入光影,处在大光明的包围中,他的眼前是一团极大极亮的火球。夸父兴奋地张开双臂,想拥抱太阳,可是,可是怎么啦?怎么如此的焦渴难熬?哦,夸父奔跑了半天,洒尽了浑身的汗水,他怎么能不渴?夸父追近太阳,经受着火球的燎烤,他怎么能不渴?

夸父跟跟跄跄地来到黄河边,伏下身子一口气喝干了黄河水,转过身,又连着将渭河水喝干。那焦渴,却仍旧是那样凶猛,那样暴烈。夸父挣扎着打算向北走,去喝一个大泽的水。大泽在雁门山北,是鸟儿们孕育雏儿、更换羽毛之地,纵横达千里,烟波浩渺,直接天际,的确是解渴的好去处。可是,夸父实在太累太渴了。当他走到中途时,身体就再也支持不住了。他慢慢地倒下去,闭上了双眼……余晖抹在他的脸上,是嘲讽,还是安慰?

夸父死后,他的身体变成了一座大山,这就是"夸父山"。据说位于现在河南省灵宝县西三十五里的灵湖峪和池峪中间。夸父死时扔下的手杖,也变成了一片五彩云霞一样的桃林。桃林的地势险要,后人把这里叫做"桃林寨"。

夸父死了,他并没有捉住太阳。可是天帝被他的大无畏的英雄精神所感动,惩罚了太阳。从此,他的部族年年风调雨顺,万物兴盛。夸父的后代子孙居住在夸父山下,生儿育女,繁衍后代,生活得非常幸福。

19. 射落九太阳——神射手羿

传说在很久很久以前,辽阔的东海边,矗立着一棵神树——扶桑。树枝上栖息着十个太阳,他们同是东方天帝喾的儿子,他们的母亲是东方天帝的妻子——羲和。羲和常把十个太阳儿子放在世界最东边的东海洗澡。洗完澡后,他们像小鸟那样栖息在这棵大树上,每个太阳的中心是只三足鸟。

黎明时分,栖息在树梢的太阳便坐着两轮车穿越天空。十个太阳每天一换,轮流穿越天空,给大地万物带去光明和热量。

那时候,人们在大地上生活得非常幸福和睦。人和动物像朋友那样生活在一起:动物将它们的后代放在窝里,不必担心人会伤害它们;农民把谷物堆在田野里,不必担心动物会把它们偷走。人们按时作息,日出而耕,日落而息,生活美满。人和动物彼此以诚相见,互相尊重对方。那时候,人们感恩于太阳给他们带来的时辰、光明和欢乐。

可能是曾经被夸父追逐受了惊吓,也可能是少年天性爱凑热闹,有一天,十个太阳一齐飞离扶桑,谁也不愿再孤零零地去乘坐妈妈驾驶的蛟龙车子,而是携手在广阔无边的天空中蹦啊跳啊,任意做着好玩的游戏,直到疲倦了,困乏了,才回汤谷休息。帝喾与羲和虽然也想管教孩子,让他们守规矩,但孩子们顽皮成性,全然不睬父母的忠告,第二天依然我行我素。做父母的难免疼爱自己的儿女,即使天帝也不例外,帝喾对这十个不听话的小太阳实在没有办法。

十个太阳一道出来,像十个火团,可害苦了凡界的黎民百姓:他们一起放出的热量烤焦了大地,晒枯了庄稼禾苗,甚至连金银铜铁都熔化了。

河流干枯了,大海也干涸了;所有的鱼都因缺水死了,水中的怪物便爬上岸偷窃食物；许多人和动物渴死了；农作物和果树枯萎了，供给人和家畜的食物也就断绝了；一些人出门觅食，被太阳的高温活活烤死；凶禽恶兽也由于环境恶化、食物短缺，纷纷从燃烧的森林、沸腾的湖泊里奔逃出来，凭着它们贪婪残忍的本性，到处吞食人民。人们在火海里挣扎着生存。

人间帝王尧日日夜夜跪在祭坛上向天上的父亲祷告，紧急的呼救声直冲云霄、到达天庭，声声震动着帝喾的耳膜。作为天帝，他再也不能充耳不闻、放任不管了。他命令手下最勇敢、最年轻的武将——神射手羿，到下界去消灭横行的禽兽，顺带把小太阳吓回扶桑。

羿是个年轻英俊的神箭手，箭法超群，百发百中。他下到凡界，在一间闷热的茅屋里拜会了愁苦的尧。从尧那儿他了解到罪魁祸首是那十个太阳，老百姓都在痛骂："狠毒的太阳啊，你什么时候才能毁灭呢？我们愿意与你同归于尽！"

看到人们生活在苦难中，羿决心帮助人们脱离苦海，射掉那多余的九个太阳。羿爬过了九十九座高山，跨过了九十九条大河，穿过了九十九个峡谷，来到了东海边。他登上了一座大山，山脚下就是茫茫的大海。羿拉开了万斤力弓弩，搭上千斤重利箭，瞄准天上火辣辣的太阳，嗖地一箭射去，第一个太阳被射落了。羿又拉开弓弩，搭上利箭，嗡地一声射去，同时射落了两个太阳。这下，天上还有七个太阳，他们瞪着红彤彤的眼睛。羿感到仍很焦热，又狠狠地射出了第三枝箭。这一箭射得很有力，一箭射落了四个太阳。其他的太阳吓得全身颤抖，团团旋转。就这样，羿一枝接一枝地把箭射向太阳，无一虚发，射掉了九个太阳。这些太阳接连爆裂，漫天的流火四散飞溅，恰似节日夜空的礼花。又过了一会儿，啪啪啪一阵乱响，整整九只巨大的三足金乌鸦坠落地面，那是太阳精魂的化身。太阳的碎壳流浆都落在了东洋大海，凝结成方圆四万里、厚四万里的大炭团——沃焦。海水流经沃焦，一下子就蒸发为云气，升腾上天，化作霖雨，又洒入江河，所以，大江小河的水日夜不息汇聚海洋，永远流不尽，大海也永远不会涨溢。

中了箭的九个太阳无法生存下去，一个接一个地死去，他们的光和热一个接一个地消失了。大地越来越暗，直到最后只剩下一个太阳的光。

可是，这个剩下的太阳害怕极了，早吓得脸色昏黄，在天上摇摇晃晃，慌慌张张，很快就躲进大海里去了。天气明显变暗转凉了。凉风拂面，黑暗袭来，站在祭坛上观看的尧顿时清醒，他见羿再次轻松舒展长长的臂膀，从箭囊中抽出一支羽箭，急忙制止说："天上如果没有了太阳，立刻会变成一片黑暗。万物得不到阳光的哺育，毒蛇猛兽到处横行，天下的百姓就无法生活下去，就要遭受漫漫长夜的痛苦了！"他们便请求天帝，呼唤第十个太阳出来，让人类万物繁衍下去。

一天早上，东边的海面上，透射出五彩缤纷的朝霞，接着一轮金灿灿的太阳露出海面来了！人们看到了太阳的光辉，高兴得手舞足蹈，齐声欢呼。从此，这个太阳每天从东方的海边升起，挂在天上，温暖着人间，禾苗得以生长，万物得以生存。

羿因为射杀太阳，拯救了万物，功劳盖世，被天帝赐封为天将。后来与仙女嫦娥结为夫妻，生活得美满幸福。

20. 羿杀六怪兽

解除了十个太阳毒害人间万物的灾难，羿马不停蹄，日夜兼程，去捕猎残害百姓苍生的怪兽。中原地区，以窫窳、封豨等凶禽野兽危害最为严重。窫窳本是黄帝统治下的一国诸侯，不幸被贰负和危暗杀了。黄帝怜悯他无辜丧命，请巫彭、巫抵、巫阳、巫履、巫凡、巫相六大神医上昆仑山会诊，研制出不死神药使他死而复生。窫窳的命是捡回来了，却完全迷失了本性，刚一醒来，就连滚带爬地窜下山，一头扎进弱水，变成了一条蛟龙。它长着老虎的利爪，哀号的声音如同婴儿的啼哭，但吃起人来异常残忍，眼睛眨都不眨，是一只凶恶暴躁的怪兽。羿深入窫窳的巢穴，仅仅一箭，就让它死了第二回，这一回真是死有余辜。

在中原的桑树林里还有一头长着尖利的獠牙、力大无比、铁骨铜皮的大野猪——封豨。它横冲直撞，拱毁庄稼、村落，所经过的地方顿时变成一片废墟。羿左一箭，右一箭地射过去，锋利的箭头刺瞎了封豨的双眼，将它生擒活捉。

接连杀掉窫窳、捕获封豨之后，羿又转战南方，在寿华的广阔原野追赶凿齿。凿齿体形和普通人没有什么区别，但它长着一张野兽似的鬼脸。它的杀人利器是突出嘴外的两根五六尺长、形似凿子的牙齿。为了应付弓箭的射杀，它还特地带上一面巨大而又坚固的盾牌。然而，它到死也没弄清楚，羿的神箭是如何穿透盾牌、扎进它心窝的。

修蛇盘踞了整个洞庭湖地区。它在湖面掀起巨大的波浪，淹没了无数来往的船只，吞食了很多无辜的平民百姓。它听说神射手羿已到南方，于是事先偷偷潜伏湖底，不再发出任何声音，试图隐藏自己的踪迹。洞庭湖碧波荡漾，金光闪闪；水鸟飞翔，野鸭嬉戏。暂时的平静掩盖了妖蛇的行踪，羿的神奇射箭技术遇到这种情况也就没有了用武之地。羿毅然舍弃弓箭，手持一把锋利的宝剑，跃入深不可测的大湖，历经千险万难，终于在滔天白浪中寻觅到妖蛇踪迹。几剑下去，将修蛇斩为几段。洞庭湖水，竟被蛇血染红了一半。

北方，九头怪——九婴仍在凶水一带喷火吐水。火苗所到之处，万物化为灰烬；洪水流经地区，一片汪洋。东方，巨型鸟——"大风"仍然在青丘广阔的原野兴起狂风，摧毁房屋，掀倒树木。羿向东出征，来到青丘广阔的原野，用青丝绳系在弓箭的尾部，一箭射中闪电式飞掠而过的"大风"。那"大风"力量大得惊人，而且善于飞翔，这时还想带着伤逃走。没想到的是弓箭上系着青丝绳，它只能像一只风筝一样被羿收回。

九头怪九婴自认为有九个脑袋、九条命，丝毫不害怕北上讨伐自己的羿。它九个嘴巴一起张开，喷吐出一道道金色的毒焰、一股股浑浊的口水，交织成一张凶险的水火网，企图将羿困住。羿知道九婴有九条命，射中一个头，它非但不会死，而且能很快自我愈合。于是羿再次使用连环箭法。九支利箭几乎同一时刻射出，插到了九婴的九颗头上。九婴的九条性命一条也没留下，倒地而亡。

21. 嫦娥奔月

羿上射九日、下除六害，尧和普天下的人民感激不已，颂扬他的歌谣在民间四处传唱。但是，羿的心头却沉甸甸的：自己毕竟射杀了天帝的九个太阳儿子，不知道天帝能否原谅自己。羿特地宰了在桑林捕获的大野猪，把猪肉剁得细细的，制成肉膏，恭恭敬敬地端上天庭献给帝喾，想看一看帝喾对他的态度改变了没有，是否对他依旧亲密，依旧信任。

帝喾看也不看猪肉膏，闷闷不乐："我不愿再看见杀生的事，也不愿再看见你。你和你的妻子住到下界去吧。"

羿谪居下界，夫妻俩成了凡人。他深感对不住妻子，便与嫦娥商议："天上等级森严，在人间倒也逍遥自在。不过凡人终将一死，若要长生，就必须渡弱水，翻火山，登上昆仑，去向西王母求取不死灵药。"

西王母原来住在西方玉山的山顶洞穴里，有三只红脑袋、黑眼睛的青鸟轮番外出给她寻找食物。她长着老虎的牙齿和豹子的尾巴，披头散发，却佩戴玉簪。每当晨昏，踞于山头狂嘶猛吼。她掌管天灾、瘟疫、刑罚，也炼制、收藏不死灵药。黄帝退隐九重天外，西王母便迁居昆仑山。那时的她已化身为雍容华贵、仪态端庄的贵夫人。

昆仑山下有弱水环绕。弱水非但不能载舟，一片鸟羽落下也会沉没。弱水外又有炎火山，山上的火焰昼夜不息。羿凭着盖世神力和超人意志，越过炎山、弱水，攀上一万三千一百一十三步二尺六寸高的悬崖峭壁，在昆仑山巅的宫殿里拜见了西王母。

西王母钦佩羿的作为，同情羿的遭遇，取药慷慨相赠："不死药是用不死树结的不死果炼制而成的。不死树三千年开一次花，三千年结一次果，炼制成药又需三千年。我收藏的药丸仅剩一颗了。两人分享俱可长生不老，一人独食即能升天成仙。"

羿如愿以偿，欢喜无限，回来与嫦娥约定，在结婚一周年的日子共享灵药。常言道：人往高处走，水往低处流。神仙也未能免俗。嫦娥经受不住天堂生活的诱惑，趁羿夜出狩猎，独自吞下了药丸。

奇迹果真发生了，嫦娥渐觉身子失重，双脚离地，不由自主地飘出窗户，冉冉上升。上哪儿去呢？嫦娥思忖着：我背弃了丈夫，天庭诸神一定会责备我、嘲笑我，不如投奔月亮女神常羲，在月宫暂且安身。

嫦娥飘至月宫，才发现那儿出奇的冷清，空无一人。"云母屏风烛影深，长河渐落晓星沉。嫦娥应悔偷灵药，碧海青天夜夜心。"（唐·李商隐《嫦娥》）她在漫漫长夜中一人品尝着孤独、悔恨的滋味，慢慢地竟化成了月精——白蛤蟆。

22. 洛水女神——宓妃

羿满载猎物回到家中，却永远失去了爱妻，失去了灵药。他呆呆地望着窗外的星空，心潮澎湃，仰天长叹。他一会儿愤怒，一会儿痛苦，一会儿消沉，整日借酒消愁，精神不振。直到有一天在洛水河畔，偶然间遇到了洛水女神——宓妃。

宓妃是东方木德之帝伏羲的女儿。她在渡洛水时因船被风浪打成碎片，而被卷进漩涡淹死，成了洛神。她美得异乎寻常："翩若惊鸿，婉若游龙。荣曜秋菊，华茂春松。仿佛兮若轻云之蔽月，飘摇兮若流风之回雪。远而望之，皎若太阳升朝霞；迫而察之，灼若芙蓉出渌波。"（三国·魏·曹植《洛神赋》）她与黄河之神河伯门当户对，顺理成章地结为夫妇。

新婚燕尔，河伯陪伴宓妃乘坐龙挽荷盖的水车，腾波冲浪，从下游九河逆流而上，来到河流的发源地昆仑山。他们流连于良辰美景，又手牵着手向东行去，回归到新居鱼鳞屋、紫贝阙。

然而，河伯喜新厌旧，易于变心，爱情的火花很快就让时间的流水浇灭了。河伯吩咐巫婆每年替他挑个妙龄少女做新娘，并威胁两岸百姓说："如果不为我河伯娶妇，就洪水泛滥，淹死两岸的人民。"

宓妃内心也厌倦了狂妄自大的河伯，厌倦了轻靡浮华的生活。她乐得脱身返回洛水，时而在水面拾取漂浮的翠羽，时而入潭心采集深藏的明珠。可夜静月明时，她会感到无助,感到空虚,她需要一双有力的臂膀,需要一个温暖的怀抱。

或许是天意作合,羿追逐羚羊来到洛水河畔,与宓妃不期而遇。他俩一个是侠骨热血的寂寞英雄,一个是柔情似水的孤独美人,彼此目光接触,便再也移不开。他俩明白,"众里寻他千百度"(宋·辛弃疾《青玉案·元夕》)的另一半就近在眼前。

羿与宓妃相爱同居的消息很快传到左拥右抱、享尽艳福的河伯耳中,雄性的妒忌和一方霸主的自尊令他恼羞成怒,他咽不下这口气。但他惧怕羿的神箭,不敢当面拼个你死我活,只好暂时化作一条白龙,探头探脑地浮在水面盯梢。

白龙浮出水面,龙卷风起,洪浪滔天,河堤决口。眼见百姓又要遭受灭顶之灾,与宓妃一道骑马归来的羿拉开大弓,返身一箭,射中白龙的左眼睛。那化作白龙的河伯带着伤痛,捂住左眼,快速窜入河底。

独眼龙河伯哭上天庭,请求天帝杀了羿为他报仇。帝喾正为以前待羿太不公平而有些内疚,因此很不耐烦地打断了河伯的喋喋不休:"你规规矩矩地安居水府,谁能射你?你无端化为虫兽,当然会被人捕杀。羿又有什么过错呢?"河伯只好黯然溜回黄河,从此睁一只眼、闭一只眼,任由羿与宓妃花前月下、卿卿我我,再也不敢抛头露面了。

23. 尧禅位于舜

尧勤于政事,关爱人民,是一位清廉开明的统治者。他赢得了千万民众的拥护和爱戴,可以说有很高的人气指数,但他没有占据很好的"天时"和优越的"地利"。执掌政权之初，就遭遇十个太阳当空普照所造成的特大旱灾；到了执掌政权的后期，空前绝后的大洪水又在全世界泛滥开来。

随着年龄的增长，尧觉得自己的身体状况一天不如一天，精神也大不如前。他认为自己不能够再承担繁重的政治事务，于是召集各诸侯国首脑开"联邦会议"，讨论下一任接班人的问题。尧微笑着询问道："各诸侯国的首脑们，我在位已经七十年了，你们谁能顺应天命取代我执掌政权呢？"

"我们目光短浅，学识浅薄，德行修养还远远不够，根本不配登上帝王您的宝座啊！"各诸侯国首脑回答说。

"你们可以选择贵族里的德才兼备的饱学之士，也可以推选平民百姓中的有胆识、有能力的忠孝之人。"尧又说道。

"帝王，在民间有一个出身贫穷的人，名字叫舜，是以吹拉弹唱为生的卖艺人瞽叟的儿子。舜的父亲虽会吹拉弹唱，但心术不正，整天花天酒地，没有家庭责任感。舜的继母虽伶牙俐齿，但言而无信，只会推卸责任。他的同父异母的弟弟则傲慢无礼，从不把别人放在眼里。但是舜却能用自己的爱心和耐心感化他的父母兄弟，和他们生活在同一屋檐下，彼此和睦，相安无事。以舜的这种孝顺仁厚的美德，如果让他治理天下，不至于昏庸邪恶吧？"一个诸侯国的头领推荐说。

"好，那就让我考虑考虑。"尧点头道。

尧为了考验舜，把两个女儿——娥皇、女英下嫁妫水湾，做舜的妻子。从修身养性、团结家庭等方面，来全面彻底地观察他有没有治理国家、使天下太平的能力。

一年以后,尧安排舜实习行政业务。舜受命宣传父义、母慈、兄友、弟恭、子孝五种品德,百姓都遵从他的教化而不乱伦;又让舜总理朝政,各类政事他也处理得井井有条;迎接四方来宾时,来到朝廷朝拜的宾客们都对他肃然起敬。最后,尧为了检验舜的遇事镇定的能力,派遣他进入深山密林。他在暴风雷雨中不害怕,不困惑,也不曾迷失方向。

经过长期的全方位考察和培养,尧确认舜真正具备了帝王应有的一切素质,正式宣布由他继承帝位,代替自己行使帝王的权力。

被分封在南方丹水的太子——丹朱因继承王位无望,就联合具有造反传统的苗族乡民作乱。正直的尧一点也不顾及私情,亲自带着兵马平定南方叛乱,在丹水一带消灭了叛军的大部分部队,接着又乘胜追击,将丹朱以及苗族乡民残余部队一直赶到了南海边上。太子丹朱进退两难,走投无路,跳入大海自尽。据说在他死后,他的魂魄化为外形像猫头鹰而脚爪似人手的朱鸟。朱鸟不停地发出"朱朱"的鸣声,仿佛在呼唤自己的名字。它在哪里出现,就预示哪里的官员将被降职流放。

24. 为民舍命的鲧

舜接替尧执掌政权的时候,发生了特大洪涝灾害。洪水愈来愈大,到处漫流。那是共工的后代、继任水神共工二世兴风作浪的结果。

大水铺天盖地而来。老百姓有的像鸟儿一样在大树上筑巢;有的像野兽似的在山顶洞里穴居;有的干脆在木筏上安家，随着水流东飘西荡。飞禽走兽和游蛇也无处藏身，来和人类争抢地盘。疲弱的灾民既要忍受饥饿、疾病和寒冷的折磨，还要随时随地提防毒蛇猛兽的侵害。那悲惨绝望的日子，是多么可怕啊！

天上众神对于天下万民所遭受的苦难都无动于衷，唯有黄帝的孙儿、骆明的儿子鲧真心哀怜难民。他听说天国宝库里藏有一团能无限膨胀、生长不息的泥土叫做息壤，便使个障眼法骗过看守库房的三头神犬，窃走神土，私下凡界，替人民堵塞洪水。

神奇的息壤化作万里长堤，汹涌澎湃的洪水被挡在堤外，没法肆意逞凶。堤内的积水也在泥土中干涸，逐渐消退无踪，呈现于眼前的是一大片起伏的原野。住在树梢上的人民从窠巢里爬出，住在山冈上的人民从洞窟里爬出，住在木筏上的人民从板棚里爬出。他们枯瘦的脸再度展露笑容，他们绝望的心再度充满希望，他们要在多灾多难的土地上重建新的基业。

好景不长，息壤被窃的事很快让统治全宇宙的天帝发觉了。天帝痛恨鲧竟敢藐视他的权威偷盗宝物、擅自行事，毫不犹豫地宣判鲧死刑。祝融的后代、继任火神祝融二世驾着烈火战车，擎着火焰枪，在羽山杀害了鲧，收回了息壤。洪水重新泛滥，人民在寒风与苦雨中哭泣，他们的眼泪既是为不幸的鲧而洒，也是为多难的自己而流。

鲧被杀死在荒凉潮湿的羽山。他美好的心愿未能实现，心不死，魂不散，尸体历经三年的风吹雨淋也没有腐烂。他的肚子里还孕育着新的生命，他希望新生命去完成自己未竟的事业。新的生命在父亲腹中生长、变化，啜吸着父亲的心血和精魂，他的能量已远远超过了父亲。

鲧死而不腐的秘密让虎首人身、四蹄长肘、衔蛇握蛇的疆良知道了，他立刻奔赴天庭向天帝汇报。天帝生怕僵尸作怪，传令祝融二世携带吴刀下凡将鲧分尸。祝融二世到了羽山，操吴刀剖开鲧的胸腹，但见伤口裂处光芒隐约，惊愕间，裂口爆开，一位伟丈夫自鲧的腹中缓缓升起：美丽，慈悲，遍身有大光辉，他就是鲧的儿子——伟大的禹。救世的使命催迫着，众生的哀鸣催迫着，他没有时间去度童年、少年。

这时，鲧被剖腹的尸体也化作一条黄龙，跳入羽山下的羽渊。它只是一条平凡的龙，它全部的精、气、神都已传给了儿子。黄龙悄悄蛰伏在渊水深处，它存活的唯一目的，就是要亲眼看到儿子继承父业，把天下万民从洪灾劫难里拯救出来。

25. 大禹治水

新生的禹挺立在天地之间，他的光芒照亮了三界。他身上散发出一种奇异的力量：比元气更充沛，比罡气更猛烈，比剑气更锐利，比正气更刚硬。那高高端坐在天国御座上的天帝，也被禹的力量所震撼，主动任命他为治理洪水的总指挥。

禹效仿曾祖父黄帝，在会稽山会合天下神祇。巨人防风氏迟到，禹责怪他不遵守号令，立即斩首。防风氏身材巨大，被杀后一节骨头就装满了整辆车子，禹的威权和神力可想而知。

禹率领众神与人面、蛇身、赤发的共工二世开战。共工二世从西方掀腾起洪峰，淹没了整个中原大地。禹运起神通，飞掷开山神斧，劈开群山，使滔滔洪水从山谷间奔涌直下。共工二世力量薄弱，又失去依靠，心生胆怯，逃回了北方封国。禹一路追踪，在昆仑之北与共工二世的部将相繇狭路相逢。

相繇是一条九头巨蛇，人首而蟒身。它贪婪残暴，不知满足，常常同时张开九张大嘴，吞尽九座大山的动物，啃光九座大山的植被，使林茂草丰的山岭化作寸草不生的荒丘，造成水土流失。无论何地，被它伸头一抵、张口一吐，即成一片水泽。水泽里的水又苦又辣，人饮用了会丧命，鸟兽蛇虫也不敢靠近。

禹运斧如风，顷刻斩落相繇的九颗头颅。九股污血从相繇的断颈内喷涌而出，漫延成血的沼泽，腥臭冲天，五谷不生。禹用泥土来填塞这片血沼，谁知填塞三次，塌陷三次。禹索性把这地方挖掘成一个大池塘，用挖出的泥垒成土墩，替五方之帝修筑了五座祭台。

赶跑了共工二世，诛杀了九头蛇相繇，降伏了人脸虎躯、八首八尾八脚的水怪天吴及各路河妖洪魔以后，禹按照山川形势，运用堵塞与疏导相结合的方法，领导人民抵御洪水，重建家园。为了彻底解除洪涝威胁，禹亲自端土筐，挥镢头，开掘了三百条大河、三千条支流以及不计其数的小沟渠，以沟通四夷九州、五湖四海。

洪水平息，大功告成。禹想测量一下大地的面积。他命令手下神将太章、竖亥，一个从东极一步一步量到西极，一个从南极一步一步量到北极，量得的长度都是五亿十万九千八百步。

禹平治洪水，使天下人民安居乐业。黎民百姓感谢他，各国诸侯敬佩他。这时候，尧早已辞世，舜也已老迈，大家都拥戴禹继承帝位。舜对禹说："完成治水大业是你的大功，谦虚、勤奋、节俭是你的大德。我褒扬你的大德，赞美你的大功，帝位相继相承的次序应由你接续，你终当晋升为帝。"舜向各国诸侯和人民宣告，由禹摄行天子之政。

舜不顾年老体弱，坚持赴各地巡视，不幸中途病逝于南方的苍梧之野。噩耗传来，百姓如丧父母，他的夫人娥皇、女英更是肝肠寸断。她们急忙坐车乘船，赴南方奔丧，一路上珠泪滚滚，抛洒在竹林间，竹子上沾满了斑斑泪痕。从此，南方就有了斑竹，也叫湘妃竹。

娥皇、女英行船至湘水，风波陡起，双双溺水而亡，魂魄化为神，人称湘君、湘夫人。舜的尸首由当地百姓用瓦棺装殓，葬在苍梧九嶷山的南坡。